ISBN 978-0-259-83115-0
PIBN 10628280

English
Français
Deutsche
Italiano
Español
Português

www.forgottenbooks.com

Mythology Photography **Fiction**
Fishing Christianity **Art** Cooking
Essays Buddhism Freemasonry
Medicine **Biology** Music **Ancient**
Egypt Evolution Carpentry Physics
Dance Geology **Mathematics** Fitness
Shakespeare **Folklore** Yoga Marketing
Confidence Immortality Biographies
Poetry **Psychology** Witchcraft
Electronics Chemistry History **Law**
Accounting **Philosophy** Anthropology
Alchemy Drama Quantum Mechanics
Atheism Sexual Health **Ancient History**
Entrepreneurship Languages Sport
Paleontology Needlework Islam
Metaphysics Investment Archaeology
Parenting Statistics Criminology
Motivational

STUDENTS' SERIES.

GERMAN NOVELETTES

for School and Home,

SELECTED FROM THE BEST MODERN WRITERS, AND WITH ETY-
MOLOGICAL, GRAMMATICAL, AND EXPLANATORY NOTES.

BY
DR. WILHELM BERNHARDT.

VOLUME II.

BOSTON:
D. C. HEATH & COMPANY.
1888.

Deutsche

Novelletten-Bibliothek,

zur

Benutzung in Schulen, höheren Lehranstalten, sowie für das Privat-
studium ausgewählt und mit etymologischen, gram-
matischen und erklärenden Noten versehen.

Von

Dr. Wilhelm Bernhardt.

Band II.

Boston:

D. C. Heath & Comp. Verlag.

1888.

VOL II.

PREFACE.

As the second volume of the Novelletten-Bibliothek may be used entirely independent of the first, it will be necessary to restate in brief the principles observed in the arrangement of the series.

The six short stories of this volume come from the pen of well known contemporary novelists, and were selected with reference to simplicity of style and wealth of phraseology. It will be noticed, as a characteristic difference, that while the stories of the first volume are of a somewhat sombre character, those of the second are in a lighter and more cheerful vein.

With regard to the Noten, what was said in the preface to Vol. I. must be repeated: the etymological relations of the German and English languages play an important role in these notes, illustrating the principles underlying the formation of German words. This class of references is marked E. E. (i. e. English Etymology), and is put in parentheses. These notes are not to be considered, however, as giving in every case the corresponding English meaning of the German word. They are chiefly suggestive in their nature, and serve the purpose of stimulating independent thought and suggesting methods of reasoning on the part of the student, which alone bring the reward that follows in the train of intellectual conquest.

German compounds, whenever possible, are separated into their analogous English roots, and are also given in parentheses. They do not assume to give the literal English translation, but are merely suggestive of the proper rendering into English. Where the exact translation is given, it is printed in *italics*. Notes upon Art, Science, History and Literature are liberally provided, thus increasing the interest in the contents.

Those who wish to investigate the etymological relation of German and English words still further, will find ample information in the Appendix to my „Deutſches Sprach- und Leſebuch,“ Vol. II. pages 135 to close.

Again I take occasion to acknowledge my great indebtedness to Dr. Frank R. Lane, Principal of the Washington High School, for his valuable assistance in the preparation of this book.

WILHELM BERNHARDT.

Washington, D. C., *April*, 1888.

Inhalt.

PAGINA

1. **Vor Sonnenaufgang.** (BEFORE SUNRISE.) Von
   Helene von Götzendorff-Grabowski . . . 1

2. **Der gute alte Onkel.** (THE GOOD OLD UNCLE.) Von
   Heinrich Seidel 13

3. **Leberecht Hühnchen.** (LEBERECHT HUEHNCHEN.) Von
   Heinrich Seidel 23

4. **Der Simpel.** (THE SIMPLETON.) Von
   Helene von Götzendorff-Grabowski . . 38

5. **Sphinx.** (SPHINX.) Von Karl Peschkau . . . 58

6. **Eine Weihnachtsgeschichte.** (A CHRISTMAS-TALE.) Von
   Helene Stöll 72

Noten 103

Vor Sonnenaufgang.

Von Helene von Götzendorff-Grabowski.

Sie wiedersprach[1] mir niemals, meine jugendliche Braut[2] Elisabeth, und erfüllte jeden meiner Wünsche. Sie sang mir ihre kleinen, graziösen Salon-Lieder[3], während[4] ich neben dem Flügel[5] lehnte und auf das feine, junge Gesicht niedersah, dem nur ein Etwas fehlte, um[6] vollkommen schön zu sein; sie trug meine Lieblingsfarben[7] und legte gehorsam jede Blume, jeden Schmuckgegenstand[8] an, die von mir kamen; sie saß neben mir im Theater und lächelte ihr geduldiges Lächeln zu den schön[9] erdachten Freuden und Schmerzen der Bretterwelt[10], dazwischen die Bonbonnière[11] leerend, deren Füllung zu meinen selbsterwählten[12] Bräutigamspflichten gehörte. Es gab wirklich niemals auch nur den Schatten einer Meinungsverschiedenheit[13] zwischen uns.

„So muß es sein!" sagte Elisabeths Mutter. „Ich verlobte[14] alle meine Töchter, bevor sie das siebzehnte Lebensjahr überschritten hatten, und das ist das einzig Richtige."

„So muß es sein!" sagte auch „Tantchen" Richter, die ehemalige[15] Kinderfrau meiner jugendlichen Braut. Sie wohnte in der Burggasse, in einem versteckten Hinterhäuschen, welches aus Linden und Flieder[1] hervorschaute, wie ein Vorstadt=märchen[2], und wir besuchten sie bisweilen[3]. Meine Braut hing[4] sehr an der alten Frau; mehr als an den eigenen El=tern — und dem Bräutigam. Ja, das konnte ich mir nicht verhehlen,[5] äußerte[6] es auch einmal zu „Tantchen" Richter. „Was könnte natürlicher sein?" erwiderte diese. „Ich kenne Elisabeth. Die Jahre zwischen fünfzehn und siebzehn sind die seltsamsten[7] in einem Mädchenleben. Ein Mann wird sie selten verstehen; selten oder niemals. Aber das thut nichts. Elisa=beth wird älter und wird eine schöne, artige[8] Frau werden, wie ihre Schwestern."

„Aber ich möchte sie auch glücklich sehen und ihre Liebe ge=winnen! Eine andere, als diese monotone, farblose Pflicht=liebe,[9] welche Elisabeth am Verlobungstage[10] wie ein Gewand angezogen hat und seitdem mit immer gleicher Anmuth und Liebenswürdigkeit trägt."

Die alte Frau richtete über[11] ihre große Hornbrille hinweg einen ernsthaften Blick auf mich. „Sahen Sie schon einmal eine Landschaft vor Sonnenaufgang,[12] Herr von Werder? Die köstliche Ruhe, die sanften Farbentöne,[13] der Frühthau,[14] der den schwachrosigen Himmel abspiegelte, — umspann[15] nicht das Alles Ihr Gemüth mit seinem stillen, rührenden Zauber?[16] Wünschten Sie auch nur einen Augenblick lang,[17] die zarten, geheimnißvollen Duftschleier,[18] welche die Sonne verhüllten,[19] zerreißen zu können, bevor ihre Stunde gekommen?"

Ich wollte antworten; da trat Elisabeth in's Zimmer, und

„Tantchen" Richter legte den Finger auf die Lippen. „Ein andermal," sagte sie; Sie müssen nun mit Fräulein Elisabeth heimkehren. Es wird kühl."

Die Allegorie der alten Frau ging mir oft durch den Sinn. Ich will den Sonnenaufgang ruhig abwarten,[1] sagte ich mir. Aber es kam anders. Es kam ein Tag, der all' meine guten, vernünftigen Vorsätze[2] über den Haufen[3] warf.

Was geschah eigentlich? Nicht eben viel. Wir schlenderten einmal, von einem Besuche des Neuen Museums[4] zurückkehrend, durch die Straßen. Der Wagen folgte uns langsam. Es war prachtvolles Wetter. Ich weiß noch jede Farbe, jeden Ton jenes Tages und glaube, den Duft des Flieders zu athmen, den Elisabeth irgendwo unterwegs erbeutet[5] und auf ihr Hütchen gesteckt hatte . . . Ganz plötzlich, — wie mir schien in der Nähe eines Hauses, worin sich ein großer, eleganter Laden[6] befand, — nahm[7] ich eine gewisse Unruhe an Elisabeth wahr. Ich sah ein lebhaftes Feuer in ihren sonst so ruhigen, hyacinthenblauen[8] Augen aufflammen und bemerkte, daß sie im Weitergehen das Köpfchen mehrmals zurückwandte. Der warme, gleichsam verlangende Blick, mit welchem es geschah, mußte mich zum mindesten[9] befremden.[10] „Wonach schautest Du so aufmerksam, Elisabeth?" fragte ich. Sie erröthete lebhaft und blickte mit dem Ausdruck[11] eines über dem Naschen ertappten Kindes zu mir empor. „Es war nichts Besonderes, Alex," entgegnete sie; „ein Schaufenster fesselte[12] meine Aufmerksamkeit."

Diese Antwort befriedigte mich wenig; allein ich war zu stolz und momentan zu verstimmt,[13] um weitere Fragen zu

stellen, welche möglicherweise ebenso ausweichend[1] beantwortet
worden wären. Trotzdem ging die kleine Episode mir nicht aus
den Gedanken. So giebt es dennoch ein Etwas, welches mäch=
tig genug ist, meine Galatea[2] zu beleben! sagte ich mir. Und
warum sollte dieses „Etwas" nicht ein einnehmender,[3] junger
Mann sein, der es zufällig[4] besser als Alexander von Werber
verstand, die rechten Saiten[5] in Elisabeth zum Tönen[6] zu brin=
gen? Fataler Gedanke! Aber er setzte sich mehr und mehr in
mir fest. Von den Qualen einer gegenstandlosen[7] und daher
um so peinvolleren Eifersucht gefoltert, begann ich mein schönes
Eigenthum mit dem Raffinement[8] und der Ausdauer eines Ge=
heimpolizisten[9] zu beobachten, natürlich ohne den geringsten
Erfolg. Elisabeth lebte ein sehr ruhiges, übersichtliches[10] Le=
ben, und ich befand mich, die wenigen, zwischen Diner[11] und
Souper liegenden Stunden ausgenommen, fast ununterbrochen
in der Villa meiner Schwiegereltern.[12]

Ihre Nachmittagsstunden verbrachte meine Braut häufig[13]
bei Frau Richter, — das wußte ich und hatte bisher nichts[14]
darin gefunden. Jetzt, da meine Stimmung mir das Natür=
lichste ungewöhnlich, das Geringfügigste[15] bedeutungsvoll genug
erscheinen ließ, um irgend einen vagen[16] Verdacht daran zu
knüpfen, jetzt richtete sich mein Argwohn[17] plötzlich auf das
Hinterhaus in der Burggasse.

Elisabeth äußerte, als unser Gespräch einmal wie zufällig
darauf kam, die Nachmittagsbesuche bei „Tantchen" Richter
seien[18] eine liebe, langjährige Gewohnheit, welche schon vom
Tage des Dienstaustrittes[19] der alten Wärterin datire.[20] „Hof=

fentlich gestattest[1] Du mir dieselben, so lange ich noch daheim bin," fügte sie leiser hinzu und begann, das Haupt graziös zur Seite neigend, die „Klosterglocken"[2] zu spielen. Ich sah aber, daß sie nicht ruhig war. Ihre Lippen zitterten, und sie griff[3] mehrmals falsch. Elisabeths Mutter, welche daneben saß und mein Gesicht beobachtete, lachte in ihrer sorglosen, beschwichti= genden[4] Art. „Frau Richter ist eine naschhafte,[5] alte Person," sagte sie. Elisabeth trägt ihr Früchte und Süßigkeiten zu und läßt sich dafür heute, wie vor zehn Jahren, mit Ammen= märchen[6] füttern. Sie dürfen sich darüber nicht ärgern, Alex. Unsere Kleine war niemals in einer Pension;[7] daher ist sie ein wenig kindisch geblieben. Mit der Hochzeit[8] ändert sich ja[9] das Alles. Die Ehe[10] ist die beste aller Schulen."

Ich dachte ein wenig anders darüber, aber ich schwieg und gelobte mir, daß ich unentwegt[11] weiter forschen, das „Etwas" finden und ihm den Garaus[12] machen wolle, — gleichviel,[13] was darnach geschah. Ja, ich war damals ein Heißsporn[14] und über alle Maßen verliebt in meine lebendige Camée[15], Fräu= lein Elisabeth von Steinsdorf! . . .

Da folgte ich ihr denn, so oft es anging,[16] ganz heimlich zur Wohnung der Frau Richter und verbarg mich im Schatten von Linden und Flieder, um das Hinterhaus zu beobachten, so lange sie sich darin befand.

Gewöhnlich ward bald nach Elisabeths Erscheinen Licht ange= zündet. Ich bemerkte, daß man damit den Parterre=Raum,[17] worin die alte Frau sich sonst aufhielt, verließ und zur Man= farde[18] emporstieg. Die Fenster dieses Dachstübchens waren

faſt immer geöffnet und nur durch dünne Vorhänge verhüllt;
nicht ſelten tönte ein ſilberhelles Lachen zu mir hernieder, — ein
Lachen, worin ich die klare, junge Stimme meiner Verlobten[1]
erkannte, welches ich aber ſonſt noch niemals von ihr vernom=
men.[2] Außerhalb dieſes verwünſchten,[3] kleinen Pfefferkuchen=
hauſes[4] lächelte Eliſabeth nur; lächelte lieblich und artig und
nichtsſagend, wie es einer wohlerzogenen,[5] jungen Dame des
neunzehnten Jahrhunderts geziemt.[6] Wer war nun wohl der
Zauberer,[7] der es vermochte, ihr dieſe jugendlich übermüthigen,
herzerquickend[8] friſchen Naturlaute zu entlocken,[9] die mich elek=
triſirten, während ich, in meinen dunklen Mantel gehüllt, wie
ein Geiſt der Finſterniß in dem engen Hofe ſtand, — Sehn=
ſucht und ohnmächtigen Zorn im Herzen?!

Wenn ich meine Braut dann Abends wiederſah, verrieth ihr
ſchönes Geſicht nichts mehr von der Fröhlichkeit der vergangenen
Stunden.

„Warſt Du auch heute bei „Tantchen“ Richter?“ fragte ich
ſie dann wohl.

„Ja, lieber Alex.“

„Unterhielteſt[10] Du Dich gut?“

„Danke, ja. Ich unterhalte mich ſtets gut in der Burggaſſe.
Aber Du zerdrückſt ja die ſchönen Blumen, welche Du mir ſoeben
brachteſt, vollſtändig, lieber Freund! Was haſt Du nur?“

Was ich hatte? Sie ſollte es bald erfahren. Ich wollte
mir Gewißheit verſchaffen über den geheimnißvollen Schatten,
der zwiſchen mir und meinem Zukunftsglücke ſtand, — wollte
eindringen in den Raum, welcher[11] des Räthſels Löſung barg.

Hatte ich nicht ein Recht dazu, überall dort zu erscheinen, wo mein künftiges[1] Weib sich befand?

Eines Abends, — es war zwischen acht und neun Uhr, — stand ich wieder einmal auf dem Lauscherposten.[2] Elisabeth schien heiterer,[3] als jemals. Sie sprach viel und bewegte sich lebhaft im Zimmer umher. Einigemal lachte auch Frau Richter fröhlich[4] auf. Endlich trat[5] Ruhe ein. „Nun ist es genug," hörte ich die alte Rheinländerin[6] sagen. „Servire[7] Deine Abschieds=Chocolade, Goldkind, hörst Du? Dein Wagen wird sogleich hier sein ... Wo hat denn der Lieutenant seine Mütze?"

Wo der Lieutenant seine Mütze hatte! .... Diese, übrigens[8] in sehr ruhigem Tone gestellte Frage brachte[9] mich um den Rest meiner Besinnung. Wuthschäumend[10] stürzte ich vorwärts, zur Hausthür hinein, sprang die kleine, gewundene[11] Treppe in zwei Sätzen[12] empor[13] und stieß mit Ungestüm[14] die Mansarden= thür auf, um die Treulose zu entlarven.[15] Als ich auf der Schwelle des Zimmers erschien, — vermuthlich[16] sehr verstört und schreckenerregend anzuschauen, — stieß Elisabeth, welche im Begriffe[17] war, ein Kind in seine Wiege zu legen, einen lauten Schrei aus und warf sich in die Arme der alten Frau, welche der Thür zunächst stand und ein entsetztes[18] „Die heilige Ma= donna[19] stehe uns bei!" ausgerufen hatte.

Die übrigen Personen der Gesellschaft, aus zwei Damen und einem Cavalerie=Offizier bestehend, blieben ganz unbekümmert,[20] mit weit von sich gestreckten Armen und Beinen, am Tische bei ihrer Chocolade sitzen und trugen[21] beleidigend indifferente Mienen zur Schau. Die Wahrheit zu sagen: sie konnten nicht

anders! Sie hatten Wachsgesichter und Glasaugen. Es war
eine Puppengesellschaft,[1] in welche Othello[2] hineingerathen!...

Bevor ich mich von meinem maßlosen[3] Erstaunen erholt[4]
hatte, war Frau Richter ganz zu sich gekommen. Sie ließ die
krampfhaft[5] schluchzende Elisabeth mit einigen geflüsterten[6]
Beschwichtigungsworten auf einen Stuhl niedergleiten und
drängte mich sanft von der Schwelle der Mansarde in den engen
Hausflur[7] zurück.

„Treten Sie einen Moment unten bei mir ein, damit ich
Ihnen eine Erklärung geben kann," sagte sie. „Das Kind darf
nicht gestraft und nicht gescholten[8] werden! Verstehen Sie
mich?"

„Vollkommen, Frau Richter. Sprechen Sie nun."

Als wir unten in dem altmodischen[9] Wohnzimmer[10] angekommen waren, nöthigte[11] sie mich zum Sitzen und trat dann,
hoch aufgerichtet,[12] vor mich hin. Ich hatte sie noch niemals
so feierlich gesehen.

„Wenn ein Mädchen, das über siebzehn Jahre zählt und
obendrein[13] Braut ist, noch am Puppenspiele Gefallen[14] findet,
und wenn eine Frau von nahezu[15] siebzig Jahren, deren weißes
Haar jeder Thorheit vorbeugen[16] sollte, das Mädchen in seinen
Kindereien[17] unterstützt," begann die alte Frau, „so ist das etwas,
was einen jeden Alltagsmenschen[18] mit Verwunderung erfüllen
und zum Spott herausfordern[19] wird. Aber ich denke nicht, daß
Sie einer von Jenen sind, Herr von Werder; ich denke, daß Sie
mich verstehen werden, wenn ich Ihnen sage: indem[20] ich die
kindlichen Neigungen Ihrer Braut unterstützte, pflegte und hütete

ich Ihnen das Beste an Ihrer künftigen Frau! Elisabeths
Mutter denkt anders darüber. ‚Fort damit!‘ sagte sie zu dieser,
als das Kind seinen sechzehnten Geburtstag feierte und sich
Mühe gab, Freude über das Geschenk der Eltern, einen kost=
baren [1] Brillantschmuck, zu empfinden, ‚fort mit den Puppen!
Ich verbiete Dir, sie fernerhin [2] anzurühren. Es ist die höchste
Zeit, daß Du Dich Deinen Jahren angemessen [3] zu betragen
lernst.‘

„Mein armes Goldkind! Da kam sie eines Abends mit dem
alten Johann hierher, und sie brachten die Puppengesellschaft.
‚Dürfen sie bei Dir bleiben?‘ fragte Elisabeth. ‚Und darf ich
sie mitunter [4] sehen, weiter für sie nähen und kochen und ihnen
meine Märchen erzählen? Sage Ja, „Tantchen“ Richter, denn
ich habe sonst nichts, was mich freut.‘ Gottlob! [5] sagte ich zu
mir selbst, daß die Spitzenkleider [6] und der Brillantschmuck so
wenig Eindruck [7] gemacht haben, — daß die Eitelkeit der Welt
noch nicht Eingang fand in das junge Gemüth! [8] Wunderbar
genug bei [9] so viel Schönheit und bei einer solchen Mutter!
‚Du sollst Deine Puppen behalten, Elisabeth,‘ sagte ich. ‚Wir
wollen nach [10] wie vor für dieselben nähen und kochen und kleine
Theaterstücke mit ihnen aufführen.‘ So geschah es. Darnach
ward mein Goldkind Braut. ‚Herr von Werder darf niemals
von meinen Puppen erfahren,‘ [11] sagte Elisabeth eines Tages.
‚Obschon er sehr gütig zu mir ist, so glaube ich dennoch, daß er
hinsichtlich [12] meiner denkt, wie Mama, und von mir verlangt,
daß ich mich wie eine große Dame benehme [13] und im Salon,
unter den steifen, [14] geputzten Menschen glücklich fühle. Du

hättest nur sehen sollen, wie es ihn neulich verstimmte,[1] als ich
mich einigemal nach dem Puppenladen „Unter den Linden" um=
schaute. Und ich konnte doch nicht anders! Baby stand ja
darin und sah zum Anbeißen[2] hübsch aus in seinem blauen
Tragkleidchen![3] ... Du mußt mir Baby verschaffen, „Tantchen"
Richter, wenn ich mich auch nur kurze Zeit daran erfreuen kann.
An meinem Hochzeitstage, das gelobe[4] ich, nimmt Alles für
immer ein Ende.'

Sehen Sie, Herr von Werber, es ist kein Unglück, wenn
Elisabeth bei ihrem Puppenspiel ein Kleidchen nähen, eine Ome=
lette bereiten und kleine Lieder und Märchen ersinnen[5] lernte.
Für dergleichen findet sich im späteren Leben wohl bessere Ver=
wendung,[6] als für die anspruchsvollen[7] Capricen einer jungen
Dame, welche die Kinderstube[8] frühe vergaß über anderen
Spielereien,[9] die nicht so wohlfeil[10] und so unschuldig, viel=
mehr[11] oft recht ernster[12] und gefährlicher Natur sind! ...
Nun, ich habe heute mehr gesprochen, als sonst jahrüber,[13] aber
es war auch nöthig. Wie denken Sie darüber?"

„Ganz in Ihrem Sinne, Frau Richter," entgegnete ich, die
hagere, braune Hand der alten Frau mit Wärme ergreifend,
„und ich weiß und verstehe auch, was wir, — Elisabeth und ich,
— Ihnen zu danken haben. Wollen Sie meiner Kleinen nun
sagen, daß ich um die Erlaubniß bitte, eine Tasse Chocolade
unter den Herrschaften[14] am Puppentisch einnehmen zu dürfen?"

Die Alte blickte mich secundenlang[15] durchdringend an.
Dann ging ein Ausdruck von Rührung, wie Wetterleuchten,[16]
über ihr faltiges Gesicht. ‚Es ist, wie ich hoffte," sagte sie.

„Herr Alexander von Werder wird mein Goldkind glücklich machen und selbst darin das echteste,[1] beglückendste Genügen[2] finden!"

Es währte einige Zeit, bevor Elisabeth daran glauben wollte, daß ich gekommen, um an ihrem kindlichen Traumleben[3] theil-zunehmen, nicht um dasselbe grausam zu zerstören. Endlich aber siegte ich dennoch und genoß den Vorzug,[4] die Damen Finette und Rosette, sowie den Lieutenant ohne Mütze und das unvergleichliche[5] Baby, dessen Taufe man heute gefeiert hatte, kennen zu lernen. Ich that mein Möglichstes, mich bei Einem wie dem Andern zu insinuiren.

Auf diesen Nachmittag folgten viele ähnliche; ich erwarb mir Bürgerrechte[6] im Puppenstaate und ward ein häufiger, gern[7] gesehener Gast bei den Mansarden-Festen. Der Cavallerie-Offizier verrieth,[8] ganz gegen alle Lieutenants-Natur, nicht die geringste Eifersucht[9] und erwies[10] sich auch sonst[11] als einen recht umgänglichen[12] Kameraden;[13] nur war er noch ein wenig blasirter,[14] als Seinesgleichen[15] von Fleisch und Blut; ihm gewann gar nichts mehr ein Kopfwenden oder auch nur ein Lächeln ab. Finette und Rosette waren sehr respectable, junge Frauenzimmer,[16] und auch das Baby ließ[17] gar nichts zu wün-schen übrig. Elisabeth endlich, — nun, sie war einfach ent-zückend! Sie „thaute auf,"[18] da sich der Bräutigam in einen guten Kameraden und verständnißvollen Freund verwandelt,[19] und gewährte mir nun vertrauensvoll Einblick in ihr reiches Geistes-[20] und Gemüthsleben, das wie ein „Sesam"[21] der Er-lösungsstunde[22] geharrt hatte. Allgemach[23] verdrängte[24] dann der Freund die Puppen und Märchenbücher, — und endlich wandte sich das erwachte junge Herz von den kindlichen Spielen zu mir hinüber und erschloß[1] sich mir in seiner ganzen morgenfrischen Reinheit und Schöne.

„Tantchen" Richter, welche jeden Zug im Antlitz ihres Goldkindes kannte, gewahrte[2] die Wandlung sofort. „Nun ist die Stunde da, Herr von Werder," sagte sie eines Tages bedeutungsvoll, als wir neben einander vor ihrem Sessel standen. „Hatte ich Recht?"

Elisabeth faltete, zu mir empor blickend, ihre kleinen Hände über meinem Arm und harrte[3] der Antwort, die ihr der dunklen[4] Rede Sinn erhellen sollte.

„Die Sonne ist aufgegangen, Frau Richter!" erwiderte ich.

Der gute alte Onkel.

Von Heinrich Seidel.

Der gute alte Onkel bin ich. Wenn man mich fragen wollte,
wie dies gekommen ist, so kann ich nur sagen, daß die gütige[1]
Vorsehung mich wohl dazu bestimmt hat, denn es ist ein Beruf,
der mir ausnehmend[2] gefällt. Wer es nicht erlebt hat, der
glaubt es gar[3] nicht, wie schön es ist, ein alter Onkel zu sein.
Aber daß muß man sagen, es gehören[4] auch solche Brüder und
Schwestern dazu, wie ich sie besitze, vier Brüder, die alle ver=
heirathet[5] sind, und drei Schwestern, die auch alle verheirathet
sind. Alle haben sie Kinder und von den Kindern haben
manche[6] schon wieder Kinder; da lohnt[7] es sich denn doch,
Onkel zu sein.

Ich habe mich nun nicht verheirathet, denn es[8] ist mir nicht
gelungen. Es war eine Zeit, da dachte ich oft daran, und ich
malte[9] mir so schön aus, wie es sein würde. Da war in mei=
ner Phantasie[10] ein kleines Haus in der Vorstadt,[11] das lag in
einem Garten ganz heimlich[12] und schön, wie ein Nest im
Grünen. Und in dem Hause war Alles so vorzüglich und an=
muthig[13] eingerichtet, wie es eigentlich nur in idealen Häusern

vorkommt,[1] die es gar nicht giebt. Ich hatte dort in meiner
Phantasie ein wunderbares Studirzimmer mit einem Erker=
vorbau,[2] in welchem Blumen waren, und mit einem großen,
geschnitzten,[3] dunkelbraunen Schreibtisch, der mit Allem bedeckt[4]
war, das man nur zum Schreiben nöthig hat. Braune, ge=
schnitzte Bücherschränke[5] standen an den Wänden, und sie waren
alle gefüllt mit schön gebundenen Büchern, deren[6] Inhalt das
Beste war, was die Menschheit gedichtet[7] und erdacht hatte.
Mit dem Studirzimmer stand ein zweites kleineres in Verbin=
dung, in welchem meine Sammlungen und Instrumente be=
findlich[8] waren. Dort waren schimmernde Krystallbildungen[9]
und glänzende Erzstufen,[10] Versteinerungen[11] aller Arten, die
Ueberbleibsel[12] urweltlicher, untergegangener Bildungen und
Schmetterlinge und Käfer, die Zeugen des neuesten und jüng=
sten Lebens, Alles in sauberen Kästen sorgfältig geordnet.
Neben dem Studirzimmer sollte dann ein Anbau[13] sein, in dem
ein Vogelhaus[14] befindlich. Die Thüre konnte geöffnet werden,
und durch das leichte Drahtgitter[15] sah ich dann von meinem
Schreibtisch aus in den grünen, sonnigen Raum, in dem ein
Springbrunnen plätscherte[16] und die kleinen Vögel flatterten
und sangen. Wenn ich nun genug gearbeitet hätte und über[17]
den Flur ginge und die Thüre öffnete, da würde ich wieder in
andere Zimmer kommen, in denen man sogleich das Walten[18]
einer Frauenhand bemerkt, denn Alles ist zierlicher und schöner
eingerichtet, und ein Hauch des Friedens und der Anmuth schwebt
über den Dingen. Und da würde meine Frau mir entgegen=
kommen, sehr schön, aber sehr einfach gekleidet, mit etwas[19]

zierlichem Weißen um den Hals, und sie würde ihren gelben
Gartenstrohhut mit dem blauen Bande auf das helle Haar setzen
und an meinem Arme in den Garten gehen. Dort würden
wir die herrlichen und seltenen Blumen betrachten, welche wir
beide pflegen,[1] und allerlei schöne Pläne für die Zukunft spin=
nen und würden sehr glücklich sein.

Ja, so war es Alles in meiner Phantasie. Wie meine zu=
künftige Frau beschaffen[2] sein sollte, das war ganz genau be=
stimmt. Sehr schön sollte sie sein, aber nicht eine sonnenhafte[3]
Schönheit, vor der sich Alles beugt, sondern eine sanfte, milde,
deren Antlitz der Spiegel von Güte des Herzens und Innigkeit[4]
des Gemüthes ist. Sie sollte mittelgroß sein, ihre Stimme
wohllautend[5] und ihr Sinn gemäßigt heiter.[6] Sie sollte sein
wie[7] die Sonne, wenn ich komme, und wie der Mond, wenn ich
gehe.

Aber es ist ein eigenes Ding um die Phantasiegestalten. Da
war nun in Wirklichkeit ein kleines Mädchen, die hatte von
alledem sehr wenig, aber sie war wie ein fröhlicher Schmetter=
ling und sang und trällerte[8] den ganzen Tag. Sie hatte zwei
lachende, braune Augen und dunkles, lockiges Haar, das sie
gern um das Köpfchen schüttelte, und wenn sie ins Zimmer trat,
so war mir gerade, als wenn die Sonne plötzlich hinter den
Wolken hervortritt. Ihretwegen[9] hatte ich bald die ganze
Phantasiegestalt vergessen, aber als ich dachte, der schöne
Schmetterling sei[10] mein, da flatterte er fröhlich davon zu einem
Andern. Das war eine recht betrübte[11] Geschichte, und mir
wird noch jetzt oft ganz wehmüthig,[12] wenn ich daran denke.

Doch das sind Träume und Dinge, die vergangen sind; genug, es ist mir nicht gelungen, mich zu verheirathen, und mich dünkt, in dieser schwierigen Welt da ist dies so leicht auch nicht, wie es wohl manchmal den Anschein[1] hat.

Ich habe nun tapfer mein liebebedürftiges[2] Herz an fremdes Glück anranken[3] lassen. Und Gott sei Dank, dazu ist mir ja die ausbündigste[4] Gelegenheit gegeben. Ich habe sieben Erst= geborene[5] erlebt, welche alle ausnehmende unbegreifliche Wun= derkinder[6] vor Gott und den Menschen waren. Und dann noch viele, viele Nachgeborene[7] von nicht ganz so wunderbarer Natur, indem[8] die Vorgänger schon zu viel davon vorweg genommen hatten; allein sie waren doch auch höchst merkwürdige Kinder, welche durch ihre ungewöhnliche Vollendung in den Augen irer Mütter wenigstens als seltene[9] Ereignisse dastanden. Allen[10] diesen Kindern war ich der gute Onkel, und da nun die älteren schon erwachsen sind, und einige schon selber[11] Kinder haben, so bin ich nun allmählich der gute „alte" Onkel geworden.

Da sind nun die Mädchen, braune und blonde, kleine, die sich schmeichelnd an mein Knie[12] drücken, größere, die mir lustig entgegenspringen, und erwachsene, die mich sittig[13] begrüßen; da sind die Jungen[14] vom krabbelnden[15] Knirps bis zum ernsten Mann, alle mit dem Familienzug[16] und doch alle verschieden, wie man es nur denken kann. Und das Alles wächst vor mir auf, mich kennend und liebend, mir angehörig,[17] meine Freude, meine Sorge und mein Stolz, — und da soll man nicht glücklich sein?

Ei und da habe ich auch genug zu thun. Wie viele

Berathungen habe ich nicht mitgemacht über die ersten kurzen Kleider und über die ersten Höschen[1] und über die ersten Bilder=bücher. Dann, wenn sie größer wurden, über die Schule und dergleichen.[2] Ja, ich bin mit der Zeit eine Autorität[3] in solchen Dingen geworden, und mein Wort ist allen Müttern gewichtig.[4] ‚Onkel Ludwig hat's[5] gesagt‘ ist ein nicht gering[6] anzuschla=gendes Argument und giebt[7] oft den Ausschlag, wenn Papa nicht einwilligen will.

Ich danke ferner dem Schöpfer, der mir ein gutes Gedächtniß für die Spiele meiner Kindheit gegeben hat. Kann wohl irgend Jemand so exemplarische Drachen,[8] Wind=, Wasser= und Sand=mühlen bauen, als ich; weiß wohl Jemand so viele luftige Spiele anzugeben,[9] so viele Kinderspäße[10] und Scherze, so viele Märchen und Geschichten zu erzählen? — „Onkel,“ sagte neulich mein Großneffe[11] Friedrich, genannt Fibbe, zum Unterschiede von Friede und Fritz, welche seine Vettern sind und eigentlich auch Friedrich heißen, „Onkel,“ sagte er mit ernster Miene, „ich glaube, es giebt gar nichts, was Du nicht kannst!“ Ja, so berühmt bin ich!

Da ich gerade sieben verheirathete Geschwister[12] habe, so brauche ich nie in Verlegenheit zu sein, meine Abende zuzu=bringen, denn ich dürfte nur alle Abende zu einem andern gehen und Sonntags zum Aeltesten, der das Haupt der Familie ist. Allein[13] das thue ich nicht, denn das würde „Tante“ Veronica übel[14] nehmen, wenn ich so wenig häuslich[15] wäre. Man darf aber nicht schließen,[16] daß Tante Veronica wirklich meine Tante ist, sie ist sogar[17] nicht einmal mit mir verwandt, sondern nur

eine alte, prächtige[1] Dame, welche mir die Wirthschaft[2] führt.
Darin zeigt sich eigentlich recht mein Glück, daß ich Tante
Veronica zu meiner Haushälterin[3] erworben habe. Sie ist eine
saubere,[4] etwas rundliche Dame und hat ein rosiges Gesicht mit
vielen freundlichen[5] Fältchen und zwei weißen Löckchen, die
unter einer schneeweißen Haube[6] hervorschauen. Sie trägt
stets eine mattgraue[7] Kleidung und hat immer ein sonntägliches
Wesen, wenn sie auch alle Hände voll zu thun hat. In ihrem
Zimmer sind Blumen, ein Canarienvogel, urgroßväterliche[8]
Möbel, und schimmernde Sauberkeit.[9]

Tante Veronica weiß ebenso gut in meiner Familie Bescheid[10]
als ich. Alle die Neffen und Nichten jederlei[11] Größe, welche
zu mir die Treppen heraufgestiegen[12] kommen mit einem An-
liegen, einer Bitte oder auch mit einem: ‚Ich will Dich nur
besuchen, lieber Onkel,‘ vermag[13] sie zu klassificiren, nur mit
den vielen Vornamen liegt[14] sie im Zwiespalt und tappt[15] gern
in dem Urwald der verschiedenen Namen umher, ehe sie den
richtigen trifft. Da kommt ein leichter, zwölfjähriger Schritt
die Treppe hinauf, es klingelt, und Tante Veronica geht, um
zu öffnen. — Na,[16] Louise . . . Minchen . . . Frieda . . . Clara,
. . . na! Hedwig, was willst Du denn? höre ich sie auf dem
Vorplatz[17] fragen. — Tante, antwortete eine lustige Kinder-
stimme, weißt Du denn nicht, in der vorigen[18] Woche bin ich
ja[19] zwölf Jahre alt geworden, und heute wird die „Zauberflöte"[20] gegeben! — Und herein[21] kommt Nichte Hedwig gehüpft,
ganz Erwartung und freudige Aufregung, denn sie wird heute
zum erstenmale mit mir ins Theater gehen. Es besteht[22] nämlich

ein geheiligtes Herkommen in unserer Familie, daß kein Kind
vor seinem zwölften Jahre ins Theater gehen darf, und da das
erste Stück, welches der Großvater und welches der Vater ge=
sehen haben, die „Zauberflöte" gewesen ist, so ist auch dies
ehrwürdiger Gebrauch[1] geworden.   Ich habe es mir nun ein=
für allemal vorbehalten,[2] mitzugehen und das bezügliche[3] Kind
in die neue Wunderwelt einzuführen.   Eine Quelle stets[4] neuen
Genusses gewährt es mir, die jungen, unerfahrenen Gemüther[5]
zu beobachten, wie sie sich dem ersten Eindrucke gegenüber[6] ver=
halten.   Und alle sind sie verschieden.   Da ist Adolph, der sich
nie wundert, der praktische, der Alles als selbstverständlich hin=
nimmt und bei[7] Schlange, Feuer und Wasser nur fragt, wie es
gemacht wird; Ludwig, der stumm[8] und starr ist vor staunen=
dem[9] Entzücken und noch tagelang[10] wie im Traum einhergeht;
Hermann, der Naturforscher,[11] der die Bemerkung macht: so
was thäten[12] die Schlangen gar nicht, und in Afrika hätten
manche Häuptlinge[13] auch zahme Löwen; Clara, die mit zit=
ternder Furcht und jubelnder Freude das ganze Stück begleitet,
und Minchen, die sich hauptsächlich über die schönen Anzüge[14]
freut, u. s. w.[15]

Ich habe demgemäß[16] die „Zauberflöte" siebenunddreißigmal
gesehen und kann sie auswendig.[17]   In der Kinderstube ist die
„Zauberflöte" ein Lieblingsgespräch,[18] es spielt fast eine Rolle
wie Weihnachten.   Ja, da bin ich nun bei Weihnachten.   Das
ist gar eine wunderbare Zeit, und um Alles in der Welt möchte
ich sie nicht missen.   Im October fängt es schon an, und alle
die süßen Reize genieße ich, alle die holden Kinderphantasien

erlebe ich von Neuem. Das ist dann ein Sinnen und Denken und Spintisiren[1] und die Läden[2] Durchmustern! Alle[3] meine Mal=, Papp=, Tischler= und Kleisterkünste werden wieder hervorgesucht, und es wird immer geheimnißvoller bei[4] mir, so daß meine kleinen Besucher nur mit Vorsicht eingelassen werden können. Und dann ist Bescheerung[5] der Reihe[6] herum. Bei allen Familien baue ich auf in den letzten Tagen des alten Jahres, und siebenmal kehrt dieser herrliche Tag für mich wieder, der mir stets neue Genüsse bringt. Und auch mir wird bescheert,[7] an jedem Abend, in jeder Familie. Ich habe dreiundzwanzig Rückenkissen,[8] die mir eigentlich ein Greuel[9] sind, über welche ich mich aber stets unbeschreiblich freue. Darunter sind sieben mit Katzen und vier mit Hunden und drei mit ‚Ruhe sanft!‘ Sanft ruhen sie auch, denn ich habe eine Kiste dazu,[10] welche schon halb voll ist. In dieser Kiste befinden[11] sich auch so viele Antimacassar[12], daß man einen ganzen Tanzsaal damit belegen könnte, und wenn ich meine Zimmer mit den Zeichnungen tapeziren[13] wollte, welche mir zu Weihnachten gemacht worden sind, so könnte[14] ich noch Bedürftigen davon abgeben. Unter[15] diesen Zeichnungen sind auch viele Landschaften mit Bäumen, auf welchen, wie Stifter[16] sagt, Handschuhe wachsen. Ich habe einundzwanzig Cigarrentaschen und rauche fast gar nicht, und siebzehn Kammfutterale,[17] obgleich mein Kopf so glatt wie eine Tenne[18] ist. Hausschlüsseltaschen[19] kann ich jeden Tag in der Woche eine neue nehmen, und von den gekratzten[20] und gemalten Tassen mit ‚zur Erinnerung‘ und ‚Dem[21] guten Onkel,‘ und den sonstigen Trinkdingen[22] will ich gar nicht reden, denn ihre Zahl ist Legion.[23]

Von meinen Träumen über die ideale Wohnung ist doch ein wenig in Erfüllung¹ gegangen. Sie liegt zwar hoch in einem Hinterhause,² allein³ sie schaut doch auf schöne grüne Gärten herab. Zwei freundliche⁴ Zimmer und eine Schlafkammer nenne ich mein, und auch manch schönes Geräth,⁵ darauf mein Auge mit Freude ruht, ist darin befindlich. Manche gute Bücher sind meine stillen Freunde, laute⁶ habe ich ja genug, auch von den geträumten Sammlungen sind einige saubere Kistchen gefüllt. Ein Vogelbauer mit zierlichen ausländischen⁷ Finken⁸ steht unter Blumen und schönen Blattgewächsen⁹ bei meinem Schreibtisch, der zwar nicht prächtig geschnitzt, doch sehr bequem und traulich¹⁰ ist. Der Mensch muß auch nicht zu viel verlangen. So lebe ich denn vergnügt und heiter und danke meinem Schöpfer, der¹¹ es so gut mit mir gefügt hat.

Zuweilen¹² frage ich mich wohl, wie es nun fortgehen und wie es einmal enden wird.

Nun ich hoffe, so Gott will, soll es noch eine ganze Weile so sein und bleiben wie es ist. Aber ich werde immer älter, und mein Bart wird ganz weiß werden, und dann wird endlich der Tag kommen, wo ich nicht mehr bin. Und sie werden mich feierlich zu Grabe bringen an jene Stelle auf dem alten Kirchhof, die ich mir schon auserwählt¹³ habe, an jene Stelle, wo es so einsam und friedlich ist, und wo ich so gerne saß, um auf die Stadt hinzusehen,¹⁴ die trotz Gewühl¹⁵ und Gewirr und Getreibe, das in ihr ist, so friedlich in blauem Dämmer¹⁶ daliegt. Und sie werden viele Kränze auf mein Grab legen und Rosen darauf pflanzen, weil ich die Rosen so sehr geliebt habe. Dann werden

die Kränze verwelken und das Grab wird grün werden und die
Rosen in die Höhe wachsen und in jedem Frühling voll Blüten
fein. Zuweilen werden noch Einige kommen und frische Kränze
auf mein Grab legen, aber die Jahre vergehen, und es werden
immer weniger sein. Und zuletzt wird Niemand mehr kommen.
Dann werden die Rosen mächtig herangewachsen sein und breit[1]
hinranken über das Grab, daß es im Frühling wie ein blühender
Rosenhügel daliegt. Und eines Abends wird ein kleiner Vogel
kommen und sich auf einen blühenden Zweig setzen und im stillen
Schein des Abendroths sein Liedchen singen. Und dann wird
er vergessen sein: ‚der gute alte Onkel.‘

Leberecht Hühnchen.

Von Heinrich Seidel.

Zufällig hatte ich erfahren,[1] daß mein guter Freund und
Studiengenosse[2] Leberecht Hühnchen schon seit einiger Zeit in
Berlin ansäßig[3] sei und in einer der großen Maschinenfabriken[4]
vor dem Oranienburger[5] Thor eine Stellung bekleide. Wie[6]
das zu geschehen pflegt, ein anfangs lebhafter Briefwechsel war
allmählich eingeschlafen, und schließlich hatten wir uns ganz[7]
aus den Augen verloren; das letzte Lebenszeichen war die An=
zeige seiner Verheirathung gewesen, welche vor etwa[8] sieben
Jahren in einer kleinen westphälischen Stadt erfolgt[9] war.
Mit dem Namen dieses Freundes war die Erinnerung an eine
heitere Studienzeit auf das Engste verknüpft,[10] und ich beschloß
sofort[11] ihn aufzusuchen, um den vortrefflichen Menschen
wiederzusehen und die Erinnerung an die gute alte Zeit aufzu=
frischen.[12]

Leberecht Hühnchen gehörte zu denjenigen Bevorzugten,[13]
welchen eine gütige Fee das beste Geschenk, die Kunst glücklich
zu sein, auf die Wiege gelegt hatte; er besaß die Gabe, aus
allen Blumen, selbst[14] aus den giftigen, Honig zu saugen. Ich

erinnere mich nicht, daß ich ihn länger als fünf Minuten lang
verstimmt[1] gesehen hätte, dann brach der unverwüstliche[2] Son=
nenschein seines Innern siegreich wieder hervor, und er wußte
auch die schlimmste[3] Sache so zu drehen[4] und zu wenden, daß
ein Rosenschimmer von ihr ausging.   Er hatte in Hannover,
woselbst wir zusammen das Polytechnicum[5] besuchten, eine ganz
geringe Unterstützung[6] von Hause und erwarb sich das Noth=
dürftige durch schlecht bezahlte Privatstunden; dabei schloß[7] er
sich aber von keiner studentischen Zusammenkunft aus und, was
für mich das Räthselhafteste war, hatte fast immer Geld, so daß
er anderen etwas zu borgen[8] vermochte.   Eines Winterabends[9]
befand[10] ich mich in der — ich muß es gestehen — nicht[11] allzu
seltenen Lage, daß[12] meine sämmtlichen Hilfsquellen versiegt
waren, während mein Wechsel[13] erst in einigen Tagen eintreffen
konnte.   Nach sorgfältigem Umdrehen aller Taschen und Auf=
ziehen sämmtlicher Schubladen hatte ich noch dreißig[14] Pfennige
zusammengebracht und mit diesem Besitzthum, das einsam in
meiner Tasche klimperte,[15] schlenderte ich durch die Straßen, in
eifriges Nachdenken über die vortheilhafteste Anlage[16] dieses
Kapitals[1] versunken.   In dieser Gedankenarbeit unterbrach mich
Hühnchen, der plötzlich mit dem fröhlichsten Gesichte von der
Welt vor mir stand und mich fragte, ob ich ihm nicht drei Thaler
leihen könne.   Da ich mich nun mit der Absicht getragen hatte,
ein ähnliches Ansinnen[17] an ihn zu stellen, so konnte ich mich des
Lachens nicht enthalten und legte ihm die Sache klar.   „Famos,"[18]
sagte er, „also dreißig Pfennige hast Du noch?   Wenn wir
beide zusammenlegen, haben wir auch nicht mehr.   Ich hab=

soeben Alles fortgegeben an unseren Landsmann[1] Braun, der einen großen Stiftungscommers[2] mitmachen muß und das Geld natürlich nothwendig braucht. Also dreißig Pfennige hast Du noch? Dafür wollen wir uns einen fidelen[3] Abend machen!"

Ich sah ihn verwundert an.

„Gieb mir nur das Geld," sagte er, „ich will einkaufen — zu Hause habe ich auch noch allerlei[4] — wir wollen lucullisch[5] leben heute Abend — lucullisch, sage ich."

Wir gingen durch einige enge Gassen[6] der Aegidienvorstadt,[7] zu seiner Wohnung. Unterwegs verschwand er in einem kleinen, kümmerlichen[8] Laden, der[9] sich durch ein paar gekreuzte Kalk- pfeifen, einige verstaubte Cichorien- und Tabakspakete, Wichs- kruken und Senftöpfe kennzeichnete, und kam nach kurzer Zeit mit zwei Düten[10] wieder zum Vorschein.[11]

Leberecht Hühnchen wohnte in dem Giebel[12] eines lächerlich kleinen und niedrigen Häuschens, das in einem ebenso winzigen Garten gelegen war. In seinem Wohnzimmer war eben so viel Platz, daß zwei anspruchslose[13] Menschen die Beine darin ausstrecken konnten, und nebenan befand sich eine Dachkammer,[14] welche fast vollständig von seinem Bette ausgefüllt wurde, so daß Hühnchen, wenn er auf dem Bette sitzend die Stiefel aus- ziehen wollte, zuvor die Thür öffnen mußte. Dieser kleine Vogelkäfig[15] hatte aber etwas eigenthümlich Behagliches; etwas von dem sonnigen Wesen seines Bewohners war auf ihn übergegangen.

„Nun vor allen Dingen einheizen,"[16] sagte Hühnchen, „setze Dich nur auf das Sopha, aber suche Dir ein Thal aus. Das

Sopha ist etwas gebirgig;[1] man muß sehen, daß man in ein Thal zu sitzen kommt."

Das Feuer in dem kleinen eisernen Kanonenofen, der sich der Größe[2] nach zu anderen gewöhnlichen Oefen etwa verhielt wie der Teckel zum Neufunbländer, gerieth bei dem angestrengten Blasen meines Freundes bald in Brand und er betrachtete wohlgefällig die züngelnde[3] Flamme. Dieser Ofen war für ihn ein steter[4] Gegenstand des Entzückens.

„Ich begreife[5] nicht," sagte er, „was die Menschen gegen eiserne Oefen haben. In einer Viertelstunde haben wir es nun warm. Und daß man nach dem Feuer sehen und es schüren[6] muß, das ist die angenehmste Unterhaltung, welche ich kenne. Und wenn es so recht Stein[7] und Bein friert, da ist er herrlich, wenn er so roth und trotzig[8] in seiner Ecke steht und gegen die Kälte anglüht."

Hiernach holte er einen kleinen rostigen Blechtopf,[9] füllte ihn mit Wasser und setzte ihn auf den Ofen. Dann bereitete er den Tisch für das Abendessen vor. In einem kleinen Holzschränkchen befanden sich seine Wirthschaftsgegenstände.[10] Da waren zwei Taffen, eine schmale hohe, mit blauen Vergißmeinnicht und einem Untersatz,[11] der nicht zu ihr paßte, und eine ganz breite flache, welche den Henkel verloren hatte. Dann kam eine kleine schiefe Butterdose[12] zum Vorschein, eine Blechbüchse mit Thee und eine runde Pappschachtel,[13] welche ehemals Hembenkragen beherbergt hatte und jetzt zu dem Range einer Zuckerdose avancirt[14] war. Das köstlichste Stück war aber eine kleine runde Theekanne von braunem Thon, welche er stets mit besonderer Vorsicht und Schonung behandelte, denn sie war ein Familienerbstück[1] und ein besonderes Heiligthum. Drei Teller und zwei Messer, welche sich so unähnlich waren, wie das für zwei Tischmesser nur irgend erreichbar[2] ist, eine Gabel mit nur noch zwei Zinken[3] und einer fatalen Neigung, ihren Stil zu verlassen, sowie zwei verbogene[4] Neusilber[5]-Theelöffel vollendeten den Vorrath.

Als er alle diese Dinge mit einem gewissen Geschick aufgebaut hatte, ließ er einen zärtlichen Blick der Befriedigung über das Ganze schweifen und sagte: „Alles mein Eigenthum. Es ist doch schon ein kleiner Anfang zu einer Häuslichkeit.“[6]

Unterdeß war das Wasser ins Sieden[7] gerathen, und Hühnchen brachte aus der größeren Düte fünf Eier zum Vorschein, welche zu kochen er nun mit großem Geschick unter Beihilfe seiner Taschenuhr unternahm. Nachdem er sodann frisches Wasser für den Thee aufgesetzt und ein mächtiges Brot herbeigeholt hatte, setzte er sich mit dem Ausdruck der höchsten Befriedigung zu mir in ein benachbartes Thal des Sophas und die Abendmahlzeit[8] begann.

Als mein Freund das erste Ei verzehrt hatte, nahm er ein zweites und betrachtete es nachdenklich.[9] „Sieh, so[10] ein Ei,“ sagte er, „es enthält ein ganzes Huhn, es braucht nur ausgebrütet zu werden. Und wenn dies groß ist, da legt es wieder Eier, aus denen nochmals Hühner werden und so fort, Generationen über Generationen. Ich sehe sie vor mir, zahllose Schaaren, welche den Erdball bevölkern. Nun nehme ich dies Ei und mit einem Schluck[11] sind sie vernichtet! Sieh mal, das nenne ich schlampampen!“[12]

Und so schlampampten wir und tranken Thee dazu. Ein kleines, sonderbares[1] gelbes Ei blieb übrig, denn zwei in fünf geht nicht auf, und wir beschlossen es zu theilen. „Es kommt vor," sagte mein Freund, indem er das Ei geschickt mit der Messerschneide ringsum anklopfte,[2] um es durchzuschneiden, „es kommt vor, daß zuweilen ganz seltene Exemplare unter die gewöhnlichen Eier gerathen. Die Fasanen legen so kleine gelbe; ich glaube wahrhaftig, dies ist ein Fasanenei, ich hatte früher eins in meiner Sammlung, das sah gerade so aus."

Er löste seine Hälfte sorgfältig aus der Schale und schlürfte sie bedächtig hinunter. Dann lehnte er sich zurück und mit halbgeschlossenen Augen flüsterte er unter gastronomischem Schmunzeln: „Fasan![3] Lucullisch!"

Nach dem Essen stellte sich eine Fatalität heraus. Es war zwar Tabak vorhanden,[4] denn die spitze blaue Düte, welche Hühnchen vorhin[5] eingekauft hatte, enthielt für zehn[6] Pfennige dieses köstlichen Krautes, aber mein guter Freund besaß nur eine einzige invalide[7] Pfeife, deren[8] Mundstück bereits bis auf den letzten Knopf weggebraucht war und deren Kopf, weil er viel zu klein für die Schwammdose sich erwies, die unverbesserliche Unart besaß, plötzlich herumzuschießen und die Beinkleider mit einem Funkenregen zu bestreuen.

„Diese Schwierigkeit ist leicht zu lösen,"[9] sagte Hühnchen, „hier habe ich den Don Quixote,"[10] der, nebenbei[11] gesagt, außer einer Bibel und einigen fachwissenschaftlichen[12] Werken, seine ganze Bibliothek ausmachte und den er unermüdlich immer wieder las, „der Eine raucht, der Andre liest vor,"[13] ein Kapitel

ums andere. Du als Gast bekommst die Pfeife zuerst, so ist
Alles in Ordnung."

Dann, während ich die Pfeife stopfte und er nachdenklich den
Rest seines Thees schlürfte, kam ihm ein neuer Gedanke.

„Es ist etwas Großes," sagte er, „wenn man bedenkt, daß,
damit ich hier in aller Ruhe meinen Thee schlürfen und Du
Deine Pfeife rauchen kannst, der fleißige Chinese in jenem
fernen Lande für uns pflanzt und der Neger für uns unter der
Tropensonne arbeitet. Ja, das nicht allein, die großen Dampfer
durchbrausen[1] für uns in Sturm und Wogenschwall[2] den
mächtigen Ocean und die Karawanen ziehen durch die brennende
Wüste. Der stolze millionenreiche Handelskönig,[3] der in Ham-
burg in einem Palaste wohnt und am Ufer der Elbe einen fürst-
lichen Landsitz[4] sein nennt, muß uns einen Theil seiner Sorge
zuwenden, und wenn ihm Handelsconjuncturen[5] schlaflose Nächte
machen, so liegen wir behaglich hingestreckt und träumen von
schönen Dingen, und lassen ihn sich quälen, damit wir zu unserem Thee und unserem Tabak gelangen.[6] Es schmeckt mir noch
einmal so gut, wenn ich daran denke."

Ach, er bedachte nicht, daß wohl der größere Theil dieses
Thees an dem Ufer eines träge[7] dahinfließenden Baches auf
einem heimatlichen[8] Weidenbaum[9] gewachsen war, und daß
dieser Tabak[10] im besten Falle[11] die Ukermark[12] sein Vaterland
nannte, wenn er nicht gar[13] in Magdeburgs fruchtbaren Gefil-
den[14] von derselben Rübe[15] seinen Ursprung nahm, welche die
Mutter des Zuckers war, mit welchem wir uns den Thee versüßt
hatten.

Darnach vertieften wir uns in den alten ewigen Don Quixote
und so ging dieser Abend heiter und friedlich zu Ende.

* * *

Auf dem Hinwege¹ zu der jetzigen Wohnung meines Freundes
hatte ich mir diese und ähnliche harmlose Erlebnisse aus jener
fröhlichen Zeit wieder ins Gedächtniß gerufen und eine Sehn=
sucht hatte mich befallen nach jenen Tagen, die nicht wieder=
kehren.   Wohin war er entschwunden, der goldene Schimmer,
welcher damals die Welt verklärte?²   Und wie würde ich
meinen Freund wiederfinden?   Vielleicht hatte die rauhe Welt
auch von seinem Gemüth³ den sonnigen Duft abgestreift, und
es war nichts übrig geblieben als eine speculirende, rechnende
Maschine, wie ich das schon an so Manchen erlebt hatte.

Er sollte in der Gartenstraße wohnen, allein über die
Hausnummer war ich nicht im Klaren.⁴   Schon wollte ich in
ein Haus gehen, das ich für das richtige hielt, und mich erkun=
digen, als ich auf zwei nette, reinliche⁵ Kinder von etwa fünf
und sechs Jahren aufmerksam wurde, welche sich vor der be=
nachbarten Hausthür auf eine für sie scheinbar köstliche Art
vergnügten.⁶   Es war ein trüber⁷ Sommertag gewesen und
nun gegen Abend fing es an ganz sanft zu regnen.   Da hatte
nun der Knabe als der ältere den herrlichen Spaß entdeckt, das
Gesicht gegen den Himmel zu richten und es sich in den offnen
Mund regnen zu lassen.   Mit jener Begeisterung, welche Kinder
solchen neuen Erfindungen entgegenbringen,⁸ hatte das Mäd=
chen dies sofort nachgeahmt, und nun standen sie beide dort,
von Zeit zu Zeit mit ihren fröhlichen Kinderstimmen in hellen

Jubel ausbrechend über dieses ungekannte und kostenlose[1] Vergnügen. Mich durchzuckte es wie ein Blitz: „Das sind Hühnchens Kinder!" Dies war ganz in seinem Geiste[2] gehandelt.

Ich fragte den Jungen: „Wie heißt dein Vater?" „Unser Vater heißt Hühnchen," war die Antwort. „Wo wohnt er?"

„Er wohnt in diesem Hause drei Treppen hoch." „Ich möchte ihn besuchen," sagte ich, indem ich dem Knaben den Blondkopf streichelte.[3] „Ja, er ist zu Hause," war die Antwort, und nun liefen beide Kinder eilfertig[4] mir voran[5] und klapperten[6] mit ihren kleinen Beinchen hastig[7] die Treppen hinauf, um meine Ankunft zu vermelden.[8] Ich folgte langsam, und als ich oben ankam, fand ich die Thür bereits geöffnet und Hühnchen meiner wartend.[9] Es war dunkel auf dem Flur, und er erkannte mich nicht. „Bitte, treten Sie ein," sagte er, indem er eine zweite Thür aufstieß, „mit wem habe ich die Ehre?"

Ich antwortete nicht, sondern trat in das Zimmer und sah ihn an. Er war noch ganz derselbe, nur der Bart war größer geworden und die Haare etwas von der Stirn zurückgewichen.[10] In den Augen lag noch der alte unverwüstliche[11] Sonnenschein. Im helleren Lichte erkannte er mich sofort. Seine Freude war unbeschreiblich. Wir umarmten uns und dann schob er mich zurück und betrachtete mich:

„Weißt Du was ich thun möchte?" sagte er dann, „was wir früher thaten, wenn unsere Freude anderweitig[12] nicht zu bändigen[13] war; einen Indianertanz[14] möchte ich tanzen, weißt Du wohl noch wie damals, als Deine Schwester sich mit

Deinem Lieblingslehrer verlobt hatte, und Du vor lauter
Wonne[1] diesen Tanz erfandest und ich immer mithopste[2] aus
Mitgefühl.“[3] Und er schwenkte seine Beine und machte einige
Sprünge, deren er sich in seinen jüngsten Jahren nicht hätte zu
schämen brauchen. Dann umarmte er mich noch einmal und
wurde plötzlich ernsthaft.

„Meine Frau wird sich freuen,“ sagte er, „sie kennt Dich und
liebt Dich durch meine Erzählungen, aber eins muß ich Dir
sagen; ich glaube, Du weißt es nicht: Meine Frau ist näm=
lich —“ hierbei klopfte er sich mit der rechten Hand auf die linke
Schulter — „sie ist nämlich nicht ganz[4] gerade. Ich sehe das
nicht mehr und habe es eigentlich nie gesehen, denn ich habe
mich in ihre Augen verliebt — und in ihr Herz — und in ihre
Güte — und in ihre Sanftmuth[5] — kurz, ich liebe sie, weil sie
ein Engel ist. Und warum ich Dir das jetzt sage? Sieh mal,
wenn Du es nicht weißt, so möchtest Du befremdet[6] sein, wenn
Du meine Frau siehst, und sie möchte das in Deinen Augen
lesen. Nicht wahr, Du wirst nichts sehen?“

Ich drückte ihm gerührt[7] die Hand, und er lief an eine
andere Thür, öffnete sie und rief: „Lore,[8] hier ist ein lieber
Besuch, mein alter Freund aus Hannover, Du kennst ihn schon!“

Sie trat ein und hinter ihr wieder die beiden freundlichen
Kinder mit den rosigen[9] Apfelgesichtern. Meines Freundes
Warnung war nicht umsonst gewesen, und ich weiß nicht, ob ich
in der Ueberraschung des ersten Augenblicks mein Befremden
hätte verbergen können. Allein in den dunklen Augen dieser
Frau schimmerte es wie ein unversieglicher[10] Born[11] von

Liebe und Sanftmuth, und schweres[1] gewelltes Haar von seltener Fülle umgab das blasse Antlitz, welches nicht schön, aber von dem Widerschein innerer Güte anmuthig durchleuchtet war.

Nach der ersten Begrüßung meinte[2] Hühnchen: „Heute Abend bleibst Du hier, das ist selbstverständlich. Lore, Du wirst für eine fürstliche Bewirthung[3] sorgen müssen. Tische[4] auf, was das Haus vermag. Das Haus vermag freilich gar nichts!" sagte er dann zu mir gewendet, „Berliner Wirthschaft[5] kennt keine Vorräthe. Aber es ist doch eine wunderbare Einrichtung. Die Frau nimmt[6] sich ein Tuch um und ein Körbchen in die Hand und läuft quer[7] über die Straße. Dort wohnt ein Mann hinter Spiegelscheiben,[8] ein rosiger[9] behäbiger Mann, der in einer weißen Schürze hinter einem Marmortische[10] steht. Und neben ihm befindet sich eine rosige, behäbige Frau und ein rosiges, behäbiges Ladenmädchen,[11] ebenfalls mit weißen Schürzen angethan. Meine kleine Frau tritt nun in den Laden und in der Hand trägt sie ein Zaubertäschchen[12] — gewöhnliche Menschen nennen es Portemonnaie. Auf den Zauber dieses Täschchens setzen sich nun die fleißigen Messer in Bewegung und säbeln[13] von den köstlichen Vorräthen, welche der Marmortisch beherbergt, herab, was das Herz begehrt und der Säckel[14] bezahlen kann. Meine kleine Frau läuft wieder über die Straße und nach zehn Minuten ist der Tisch fertig und bedeckt mit Allem, was man nur verlangen kann — wie durch Zauber."

Seine Frau war unterdeß mit den Kindern lächelnd hinaus

gegangen, und da Hühnchen bemerkte, daß ich die ärmliche, aber
freundliche Einrichtung¹ des Zimmers gemustert hatte, so fuhr
er fort: „Purpur² und köstliche Leinwand findest Du nicht bei
mir, und die Schätze Indiens sind mir noch immer fern geblie=
ben, aber das sage ich Dir, wer gesund ist" — hierbei reckte er
seine Arme in der Manier eines Cirkus=Athleten, „wer gesund
ist und eine so herrliche Frau hat, wie ich, und zwei so prächtige
Kinder — ich bin stolz darauf, dies sagen zu dürfen, obgleich ich
der Vater bin — wer alles dieses besitzt und doch nicht glücklich
ist, dem³ wäre es besser, daß ihm ein Mühlstein um den Hals
gehängt und er versenkt würde in das Meer, da es am tiefsten
ist!" Er schwieg eine Weile, schaute mich mit glücklichen Augen
an, fuhr dann fort: „In der Zeit, ehe unser Knabe geboren
wurde, ward meine Frau oft von bösen Gedanken gequält, denn
die Furcht verließ sie nicht, — — nun daß sie nicht ganz gerade
ist — das möchte sich auf das Kind vererben und wenn sie dachte,
ich schliefe, hörte ich sie manchmal leise weinen. Als uns dann
aber der Knabe geschenkt war, da glitten ihre Augen mit einer
ängstlichen Hast darüber hin und ein plötzlicher Freudenblitz
zuckte über ihr Gesicht und sie rief: „Er ist gerade! Nicht wahr
er ist gerade! O Gott, ich danke Dir — ich bin so glücklich!"
Damit sank sie zurück in die Kissen und schloß die Augen, aber
auf ihren Zügen lag es wie stiller Sonnenschein. Ja, und
was habe ich gemacht? Ich bin leise hinausgegangen in das
andere Zimmer und habe die Thür abgeriegelt⁴ und habe mir
die Stiefel ausgezogen, daß es keinen Lärm machen sollte und
habe einen Indianertanz losgelassen,⁵ wie noch nie. Ein beson=

beres Glück war es, daß es niemand gesehen hat, man hätte
mich ohne Zweifel direkt ins Irrerhaus[1] gesperrt."

Frau Lore war unterdeß von ihrem Ausgang[1] zurückgekehrt
und bereitete nun in hausmütterlicher[2] Geschäftigkeit den Tisch,
während die beiden Kinder mit großer Wichtigkeit[3] ihr dabei
zur Hand[4] gingen. Plötzlich sah Hühnchen seine Frau leuchtend
an, hob den Finger empor und sagte: „Lore, ich glaube, heute
Abend ist es Zeit!" Die kleine Frau lächelte verständnißinnig[5]
und brachte dann eine Weinflasche herein und Gläser, welche
sie auf dem Tische ordnete. Hühnchen nickte mir zu: „Es ist
Tokaier,"[6] sagte er, „kürzlich, als ich das Geld für eine Privat-
arbeit erhalten hatte und es so wohlhabend[7] in meiner Tasche
klimperte, da bekam ich opulente[8] Gelüste und ging hin und
kaufte mir eine Flasche Tokaier, aber vom besten. Abends
jedoch, als ich sie öffnen wollte, da that es mir leid[9] und ich
sagte: ‚Lore, stelle sie weg,[10] vielleicht kommt bald eine bessere
Gelegenheit.‘ Ich glaube, es giebt Ahnungen, denn eine plötz-
liche Erinnerung an Dich ging mir dabei durch den Sinn."

Wie heiter und fröhlich verlief dies kleine Abendessen. Es
war, als wäre der Sonnenschein, der einst in Ungarns Bergen
diesen feurigen Wein gereift,[11] wieder lebendig geworden und
fülle das ganze Zimmer mit seinem heitren Schimmer. Auf
die blassen Wangen der kleinen Frau zauberte der ungarische
Sonnenschein sanften Rosenschimmer. Sie setzte sich nachher
an ein kleines dünnstimmiges,[12] heiseres Clavier, und sang mit
anmuthigem[13] Ausdruck Volkslieder, wie zum Beispiel: „Verstohlen geht der Mond auf..." oder „Wär'[14] ich ein wilder

Falke . . ." Nachher saßen wir behaglich um den Tisch und plau-
derten bei einer Cigarre. Ich fragte Hühnchen nach seinen
geschäftlichen[1] Verhältnissen. Ich erfuhr,[2] daß[3] sein Gehalt
bewunderungswürdig klein war, und daß er dafür ebenso
bewunderungswürdig viel zu thun hatte. „Ja, früher, in der
sogenannten[4] Gründerzeit," sagte er, „da war's besser, da
gab's[5] auch mancherlei Nebenverdienst. Wir gehen alle Jahre
zweimal ins Opernhaus in eine recht schöne Oper, und damals
haben wir uns gar bis in den zweiten Rang[6] verstiegen, wo
wir ganz stolz saßen und vornehme Gesichter machten und
dachten, es käme wohl noch ein mal eine Zeit, da wir noch
tiefer sinken würden, bis unten ins Parquett.[7] Es kamen aber
die sogenannten schlechten Zeiten und endlich ereignete es sich,
daß unser Chef[8] einen Theil seiner Beamten entlassen und das
Gehalt der anderen sehr bedeutend reduciren mußte. Ja, da
sind wir wieder ins Amphitheater[9] emporgestiegen. Im
Grunde ist es ja auch ganz gleich, ich finde sogar, die Illusion
wird befördert[10] durch die weitere Entfernung von der Bühne.
Und glaube nur nicht, daß dort oben keine gute Gesellschaft
vorhanden ist. Dort habe ich schon Professoren und tüchtige
Künstler gesehen. Dort sitzen oft Leute, welche mehr von
Musik verstehen, als die ganze übrige Zuhörerschaft zusammen-
genommen, dort sitzen Leute mit Partituren[11] in der Hand,
welche dem Kapellmeister[12] Note für Note auf die Finger
gucken[13] und ihm nichts schenken."[14]

Es war elf Uhr, als ich mich verabschiedete.[15] Zuvor wurde
ich in die Schlafkammer geführt, um die Kinder zu sehen,

welche in einem Bettchen lagen in gesundem, rosigen Kinder=
schlaf. Hühnchen strich leise mit der Hand über den Rand der
Bettstelle: „Dies ist meine Schatzkiste,"[1] sagte er mit leuch=
tenden Augen, „hier bewahre ich meine Kostbarkeiten — alle
Reichthümer Indiens können das nicht erkaufen!" — —

Als ich einsam durch die warme Sommernacht nach Hause
zurückkehrte, war mein Herz gerührt und in meinem Gemüth[2]
bewegte ich mancherlei herzliche Wünsche für die Zukunft dieser
guten und glücklichen Menschen. Aber was sollte ich ihnen
wünschen? Würde Reichthum ihr Glück befördern? Würde
Ruhm[3] und Ehre ihnen gedeihlich[4] sein, wonach sie gar nicht
trachteten? „Gütige Vorsehung,"[5] dachte ich zuletzt, „gieb
ihnen Brod und gieb ihnen Gesundheit bis an's Ende — für
das Uebrige werden sie schon selber sorgen. Denn wer das
Glück in sich trägt in still zufriedener Brust, der wandelt son=
nigen Herzens[6] dahin durch die Welt, und der goldene Schimmer[7]
verlockt ihn nicht, dem die Andern gierig nachjagen,[8] denn das
Köstlichste nennt er bereits sein eigen."

Der Simpel.

Von Helene von Götzendorff-Grabowski.

I.

Zu Frankfurt am Main[1] im Bahnhofsrestaurant hatte er sie zuerst gesehen. „Er" war ein junger, rheinländischer[2] Gutsbesitzer und „Sie" eine Miß. Aber keine von der gewöhnlichen Sorte reisender Engländerinnen, sondern ein kleines Wunder an Lieblichkeit. Sie schien allein zu reisen und dessen[3] ungewohnt zu sein. Ihr Auftreten[4] war bescheiden und schüchtern, dennoch lag etwas im Ausdruck ihres Gesichts, was Zudringliche[5] fern halten mußte; eine echt weibliche Würde, sanft wie Mondschein. Alles das sagte sich der junge Rheinländer, während er aus einer dunkeln Ecke des Wartezimmers hervor auf die kleine Miß hinschaute, die nichtsahnend[6] ihre Bouillon schlürfte, in einem großen rothen Buche blätterte,[7] endlich das zierliche Haupt im dunkeln Schleierhütchen zurücklehnte und die Augen schloß ... Er beobachtete das nicht nur mit dem oberflächlichen[8] Interesse, welches uns wohl ein schönes, fremdes Menschenbild[9] für Secunden einzuflößen vermag, um dann über neuen Erscheinungen vergessen zu werden, — sondern ganz

anders! Er war nämlich[1] Einer, dem nur etwas zum Glücklichsein[2] fehlte: — eine Königin für Herz und Haus — der bisher vergeblich nach dieser Königin Umschau[3] gehalten seit Jahren
und sie nun in dieser „englischen Lilie“ gefunden zu haben
meinte! Er war seiner Sache eigentlich ganz gewiß.[4] Sein
Herz pochte beim Anschauen des süßen Gesichts, wie es noch
niemals gepocht, und er empfand etwas wie Trunkenheit, die
von dem soeben genossenen,[5] miserabeln Kaffee unmöglich kommen konnte.

„Klinglinglingling! Einsteigen!“[6] Die Miß fuhr erschrocken
empor und griff nach ihrem Handgepäck.[7] „Sein[8] das die Zug
nach Wiesbaden?“[9] fragte sie den vorübergehenden Schaffner[10]
und begab sich nach erhaltenem, bejahenden[11] Bescheide[12] sofort
auf den Perron.[13] „Er“ folgte[14] ihr auf dem Fuße und sah sehr
energisch aus. „Dieses hier gehört Ihnen, wenn Sie mir einen
kleinen Dienst leisten wollen,“ sagte er zu dem die Coupéthüren
öffnenden Schaffner, seine flache[15] Hand ausstreckend. Der
Mann zog eine überraschte, heitere Grimasse und blickte den
eleganten Fremden wie ungläubig[16] an. „Stehe[17] zu Befehl,
wenn sich der ‚Dienst‘[18] mit dem meinigen verträgt,“ entgegnete
er dann, an[19] seiner Mütze rückend. „Was wünscht der Herr?“

„Sie sollen mir dazu verhelfen, daß jene junge Dame mit
dem braunen Schleier und der blanken[20] Ledertasche — Sie
sehen Sie doch? — in mein Coupé kommt. Verstanden? Und
meinen Sie, daß es geht?“[21]

„Es muß gehen,“ erwiderte der Mann lachend. „Spazieren
Sie nur schnell hinein, wenn's gefällig[22] ist. Der Zug wird

stark besetzt.[1] Hier, Nr.[2] 33 ist noch leer. Jetzt hol' ich die Schleierdame."[3] Mit Eilfertigkeit verfolgte der Schaffner das Mißchen.[4] „Dort hinten ist kein Platz mehr, Fräulein= chen![5] Alles besetzt!"

„Ich suchen[6] die Damencoupé. Bitte, uo sein sie?"

„Ganz besetzt! Voll wie gepfropft,[7] Fräuleinchen! Aber hier haben wir noch Platz. Hier hinein, wenn's gefällig ist." — Sie standen nun vor Nr. 33, und das Mißchen warf einen Blick in das Coupé. „Nein. Danke. Darin sein[8] ein Gentle= man und ich fahren nicht mit soeins. Ich uerde finden eine andre Coupé."

„Nirgends mehr Platz, Fräuleinchen. Und in anderthalb[9] Minuten geht's[10] los!"

„Aber ich sage Sie,[11] daß ich nicht uill fahren mit eine Manns= person. Lieber besser ich bleiben hier."

„Ei was,[12] Fräuleinchen. Machen's[13] kei' Sach'! Mit dem Herrn dadrin können's[14] getrost[15] fahren, den kenn' ich. Vor[16] dem fürchtet sich kein Frauenzimmer. Das ist ein Simpel!"[17] Die junge Engländerin blickte aufmerksam in das Gesicht des Schaffners. Sie hatte ihn nur halb verstanden, aber[18] den Sinn seiner Worte einigermaßen gefaßt.

„Eine[19] Simpel," wiederholte sie nachdenklich. „Uas sein das?"

„Steigen's[20] nur ein, dann werden Sie's schon sehen. Gleich[21] wird der Zug abgeh'n. Einsteigen, meine Herrschaf= ten! 's[22] ist die höchste Zeit! . . ."

Nun befand sich das große blanke Geldstück in der Hand des

Schaffners und die schöne, kleine Miß im Coupé Nr. 33.
Seine List belächelnd, stand der Mann auf dem Perron und
ließ den Zug an sich vorübergleiten. „Angenehme Fahrpartie!"[1]
sagte er dann halblaut und schwenkte sich auf dem Absatz[2]
herum — „ich wollt', so zwei kämen mir öfter!"

— — — — — — — — — — — — — — — — — —

Der junge Rheinländer hatte den Vorgang[3] an der Coupéthür
mit größtem Interesse verfolgt. Bis zum letzten Augenblick
fürchtete er das Mißlingen[4] des Plans und war daher froh
überrascht,[5] die junge Reisende schließlich[6] dennoch bei sich[7] ein=
steigen zu sehen. Wodurch konnte der Schaffner den plötzlichen
Umschwung[8] herbeigeführt haben? Die Miß schien ganz
muthig, streifte[9] ihn sogar mit einem ruhig prüfenden Blick,
nachdem sie möglichst fern von ihm Platz genommen; sein Gruß
ward, wenn auch kurz, so doch nicht unfreundlich erwidert und
sie ließ es geschehen, daß er ihr die Handtasche abnahm und
unterbrachte.[10] Darnach ging die Miß in aller Gemüthlichkeit[11]
daran, es sich in ihrer Ecke bequem zu machen. Das Hütchen
ward abgenommen und nun zeigte es sich erst, wie hübsch sie
war. Der junge Mann bewunderte verstohlen[12] das köstliche
Braun des lose[13] im Nacken geknoteten Haars, welches im
Dämmerlicht Goldfunken[14] sprühte, — die strenge,[15] reine Linie
des jugendlichen Profils — die durchsichtig klaren, aurikel=
braunen[16] Augen endlich, welche es ihm zuerst und zumeist
angethan,[17] da in ihnen der Schlüssel[18] zu der bisher ungelösten
Frage seines einsamen Lebens zu liegen schien . . . Soeben
zündete man die Wagenlampe an. Die junge Engländerin

streifte ihre langen Handschuhe ab und nahm wieder das rothe
Buch in die Hände. Himmel! Solche Hände an seinem Thee-
tisch walten zu sehen! — — Aber lesen durfte die Huldin[1]
nicht! Er wollte reden und hören. Er mußte den Anfang[2]
machen, so klug[3] oder so dumm es eben anging.[4] „Wünschen
Sie etwas über Ihr Reiseziel zu wissen, mein Fräulein?
Gewiß könnte ich Ihnen besser als der Bädeker[5] Auskunft[6]
geben. Ich bin hier in der Gegend bekannt.“ Sie hob langsam, augenscheinlich überrascht, die dunkelumsäumten[7] Lider.

„Das sein[8] nicht der Bädeker. Das sein eine deutsch-
englische Conversationsbuch,“ entgegnete sie dann ernsthaft;
„ich suchen eine Uort . . . eine Uort uas der Schaffner — eine
merkuürdige Uort! Oh, die deutsche Sprache sein serr schuer!“

„Man muß sich in Deutschland aufhalten[9] und deutschen
Umgang[10] haben, um sie gut zu erlernen,“ sagte er lebhaft.
„Bücher und Selbststudien nützen gar nichts. Conversation
ist die Hauptsache. Sie, mein Fräulein, haben eine so excellente
Aussprache, daß es schade wäre, wenn Sie —“

„Schweige![11] unterbrach ihn die Miß, ihr Buch schließend.
„Ich ueiß[12] serr gut, daß das nicht uahr sein. Man lachen
immer über mir uegen meine Fehlern. Aber ich uill lernen.“

„Das ist mir eine große Freude! Das ist mir wirklich sehr
lieb!“

Sie zog die feinen dunkeln Brauen[13] erstaunt in die Höhe.
„Oh, das ist Sie[14] lieb? Uas haben Sie mit mein Lernen
zu thun?“

„Ich freue mich, daß Ihnen die deutsche Sprache gefällt —

und daß Sie sich längere Zeit in Deutschland aufhalten werden!" erwiderte er unverdrossen[1] liebenswürdig.

„Aber die deutsche Sprache gefallen[2] mir nicht, und ich uerden mir nicht serr lange in Deutschland aufhalten, mein Herr! Es sein fashionable, zu reisen auf die Kontinent — und zu lernen die deutsche Sprache — for that I am here. — Only for that."

Er hatte bis zur Stunde die englische Sprache für plump[3] und unschön gehalten. Diese wenigen Worte von Mißchens rosigen, trotzig[4] gekräuselten Lippen belehrten ihn eines Beffern. „Das ist die Sprache der Engel!" sagte er zu sich selbst, laut hinzusetzend: „Ich, mein Fräulein, liebe das Englische und es ist mein heißester Wunsch, es zu erlernen."

„So muffen[5] Sie gehen nach England, und maken wie ich," erwiderte sie gleichmüthig und öffnete ihr Buch wieder, darin hin= und herblätternd. „Sam — Sem — Sim — —"

„Es ist wirklich vortheilhafter, Conversation zu machen, mein Fräulein," sagte ihr unermüdliches vis-à-vis[6] nach einer kleinen Pause; sie legte den spitzen Zeigefinger zwischen die Blätter und blickte geduldig wieder auf.

„Uarum brechen[7] Sie mich unter, mein Herr, uenn ich lese? An English gentleman uürde — — —"

„Was würde er, mein Fräulein?"

„Uarten[8] Sie." Sie blätterte eilfertig hin und her. „Hier! Er uürde[9] — sein Mund halten."

„Danke gehorsamst!"

„Oh — nicht dankensuerth.[10] Ich haben es nicht gemacht —

es steht in diese Buch." Der junge Mann sah ein wenig beleidigt aus. „Ihr Lexikon scheint mir eben nicht das beste Deutsch zu enthalten," sagte er, während eine feine Röthe[1] in sein Antlitz stieg; „ich rathe Ihnen, nicht zu oft darin nachzuschlagen,[2] mein Fräulein."

Die junge Engländerin blickte ihn aufmerksam an. Pardon,[3] uenn ich unhöflich geuesen sein," sagte sie mit dem sanften, freimüthigen Aufblick, der so beredt zu seiner Seele sprach — „meine Lernen sein noch so jung. Ich komme direkt von London, haben nur zwei Tage in Heidelberg geuesen, zum Besuch von eine Freundin, uas dort sein verheirathet."

„Gedenken Sie in Wiesbaden zu bleiben?" fragte er schnell versöhnt.

„Ja. Einige Uochen.[4] Meine Tante sein schon dort. Tante sein nicht gesund, uissen Sie — muffen sein gefahren, und muffen in Uasser gehen. Ich uerde zuischen diese Zeit die deutsche Sprache lernen."

Also in der That! Er durfte hoffen, seine „englische Lilie" wiederzusehen. Würde sie ihn erkennen, wenn er ihr einmal plötzlich im Kurgarten[5] oder bei der Brunnenmusik[6] begegnete? Erkennen wollen?! Er gedachte eine dahin zielende Frage zu thun, da kam sie ihm zuvor. „Sie sehen so uol,[7] mein Herr — Sie muffen doch nicht gehen in Uasser?" Er kämpfte[8] mannhaft die aufsteigende Heiterkeit nieder. „Glücklicherweise nicht. Aber — das heißt — mein Hals ist nämlich zu Zeiten etwas rauh, und dagegen soll ich — will ich — eine Zeit lang den Wiesbadener Kochbrunnen[9] gebrauchen." Er hatte noch niemals

gelogen und fand, daß es nicht leicht war, selbst für das reizende
Mißchen nicht. Die Kleine sah sehr theilnehmend aus. „Ich
uünschen[1] Sie gute Gesundheit von die Brunnen, mein Herr,"
sagte sie freundlich. „Sein uir nun bald in Wiesbaden?"

„In einer Viertelstunde. Dann muß ich Ihnen Lebewohl
sagen, und um Verzeihung bitten, Sie eine Stunde lang
ennuyirt[2] zu haben."

„Oh, mein Herr! Uie[3] soll ich antuorten in meine Deutsch?
Sie sein nicht langueilig, Sie sein ein ganz und serr guter
Mensch, indeed!"

„Wenn der Zufall uns einmal in Wiesbaden zusammenführt
— werden Sie mich dann noch kennen, mein Fräulein? Und
darf ich dann wieder anknüpfen?"[4]

„Anknüpfen?" wiederholte sie ein wenig betreten.[5]

„Das heißt: Darf ich Sie anreden?"

„Das dürfen Sie, uenn[6] Sie uollen. Tante ueiß nicht eine
Uort Deutsch, und ich —"

„Mein Fräulein, ich werde Englisch lernen! Lernen, wie
noch niemals ein Mensch gelernt hat, seit die Welt steht!"
Sie lächelte, obschon sie ihn nicht recht verstand. Da fuhr
auch schon der Zug in den Wiesbadener Bahnhof ein. Sie
erhoben sich Beide. Der junge Mann öffnete seine Brieftasche
und überreichte dem erröthenden Mißchen eine Visitenkarte:
„Wenn Sie vielleicht einmal des Rathes bedürfen sollten in der
fremden Stadt —— unter dieser Adresse[7] findet mich jeder
Brief. Und ich werde stets bereit sein, Ihnen zu dienen." Sie
streckte die Hand aus und nahm das Kärtchen hastig an sich.

Der Wunsch, ihm ein dankbares, herzliches Abschiedswort zu sagen, stand deutlich auf ihrem schönen Gesicht. „Oh, mein Herr — dort sein' schon John — oh, mein Herr, Sie sein wirklich serr gütig mit mir! Ich danke Sie mit all' mein Herz! Es hat mich eine große Vergnügen gegeben, kennen zu lernen einen — Simpel!..."

...... Das braune Schleierhütchen war schon längst vom Perron verschwunden, da stand der junge Rheinländer noch immer auf demselben Fleck. Das Wort hatte ihn geradezu niedergeschmettert. Simpel!... Konnte sie, in der er die Unschuld und Wahrhaftigkeit selbst gesehen, eine Komödiantin² sein, welche ein unwürdiges Spiel mit ihm getrieben? Unmög= lich! Aber wie kam dann das Wort — dieses Wort, welches in keinem Lexikon, keiner Grammatik zu finden und — wenn das selbst der Fall — leider nur die eine schmachvolle Bedeutung, deren Stachel ihn soeben tödtlich verwundet hatte, — auf ihre Lippen?! Und wodurch hatte er diese Beschimpfung³ verdient? Hatte er sich wie ein „Simpel" betragen? Vielleicht. Vielleicht, nach englischer Auffassung. „Wenn die Herren dortzulande⁴ verpflichtet sind, einem hübschen Mädchen gegenüber immer ‚den Mund zu halten,' so nahm ich mir — zumal als ein Fremder — allerdings zu große Freiheiten heraus," sagte er ingrimmig zu sich selbst. „Aber sie schien es zu billigen.⁵ Sie war so sanft und freundlich. Nun, sei dem, wie ihm wolle. Die Lektion sitzt.⁶ Der Traum ist aus."

— — — Unterdessen fuhr die ahnungslose⁷ Miß ganz heiter ihrem Ziel, dem Badehaus⁸ „zur Rose," zu. Sie dachte an die

so schnell und angenehm verstrichene letzte Stunde zurück, ver=
gegenwärtigte sich das frische, wettergebräunte[1] Antlitz, die
seelenvollen blauen Augen des freundlichen Deutschen mit träu=
merischem[2] Wohlgefallen — und schrieb Abends in ihr kleines
Reisetagebuch:[3] „Heute bei Tante Carry in Wiesbaden ge=
landet. Reise[4] gut von Statten gegangen. Von Frankfurt
bis hierher angenehme Gesellschaft. Deutsche ganz interessant.
Von den deutschen Männern gefallen mir die ‚Simpel‘ am
besten, eine Spezies, über deren Bedeutung, Charakter und
Eigenthümlichkeiten ich noch nichts weiß, aber Erkundigungen[5]
einziehen werde. Vielleicht sind die Simpel eine besondere
Glaubenssekte,[6] so etwas Priesterähnliches.[7] Der Schaffner
in Frankfurt sagte mir, mit einem Simpel könne eine Lady
getrost reisen, und keine fürchte sich vor ihm. Vielleicht sind
diese Simpel zum Cölibat[8] verurtheilt! Das wäre schade,[9]
wenn sie alle so einnehmend und wohlerzogen sind als mein
Reisegefährte. Werde schon morgen meine Studien über diesen
interessanten Gegenstand beginnen und auch Jane in Heidelberg
darüber befragen. — Es ist spät. Der Kellner kommt soeben,
um das Gas im Salon auszulöschen. Er heißt Waldemar
Sternberg und sieht sehr vornehm aus. Das heißt, der Simpel.
Nicht der Kellner.“

II.

Die Geschäftsangelegenheit,[10] welche Herrn Waldemar Stern=
berg nach Wiesbaden geführt, war schnell erledigt. Er hätte
füglich vierundzwanzig Stunden später wieder auf der Eisenbahn
sitzen und seinem schönen, kleinen Schlößchen am Rhein

zudampfen[1] können, alles hinter sich lassend, was an die jüngste, bittere Erfahrung gemahnte. Aber das geschah nicht. „Ich wäre in der That ein — Simpel, wollte ich mich durch eine solche Geringfügigkeit[2] um die Freude am Schönen bringen[3] und in die Flucht schlagen lassen," monologisirte[4] er am folgenden Nachmittage. „Es war mein Plan, ein paar Tage hier zu verweilen, etwas Musik zu hören, das Badepublikum im Kurgarten zu beaugenscheinigen[5] — wohlan! Dabei soll es bleiben. Führt mich selbst der Zufall ,ihr' in den Weg: ich bin es nicht, der die Begegnung zu scheuen hat." — —

Bereits eine Stunde später führte der Zufall die Reisegefährten[6] nahe an einander vorüber. Es war im Kurgarten. Eine glänzende, vielfarbige Menschenflut[7] wogte[8] unter den Klängen eines Strauß'schen[9] Walzers auf der Promenade auf und nieder, und Waldemar Sternberg ließ sich von ihr treiben, wie Einer, dem Weg und Ziel im Grunde gleichgiltig sind. Da ging[10] urplötzlich die Tanzmusik in eine weiche, träumerische Volksweise über, und in demselben Augenblick begegneten Waldemars Augen denjenigen der „englischen Lilie." Er sah, wie das Mißchen hastig den Arm eines neben[11] ihr hinschlendernden, brauncarrirten Landsmannes ergriff und hörte deutlich aus ihren halblaut gesprochenen Worten wieder das anstößige[12] „Simpel" heraus! Das Blut stieg ihm ins Gesicht. Er grüßte ernst und kühl und bog[13] dann aus, um der von ihr sichtlich[14] angestrebten Begegnung zu entgehen. Das Benehmen des Mädchens erschien ihm immer unbegreiflicher. Was konnte ihr[15] daran liegen, ihn wiederzusehen und auf's Neue zu beleidigen?

Es war weit weniger Groll als Schmerz, was er empfand, da
er sich sagen mußte, daß die Güte und Anmuth, welche ihn
gelockt, nur Trug[1] gewesen, — daß die sanften, treuherzigen
Aurikelaugen — ja, auch heute noch unwiderstehlich sanft und
gut! — einem Weibe ohne Zartgefühl[2] und Gemüth ange-
hörten! — —

Das Mißchen aber schrieb Abends in ihr Tagebuch: „Heute
im Kurgarten den Simpel wiedergesehen! Sonderbar — er
that kaum, als ob er mich kenne. Hätte ihn gern begrüßt, gab
mir alle Mühe — vergebens. Vielleicht dürfen diese Simpel
nicht officiell mit Damen verkehren? . . . William gestern
angekommen. Er weiß so wenig als ich etwas über den Simpel.
Ich schrieb heut' an Jane davon." Am folgenden Tage hieß[3]
es: „Heute ging er mir — bei der Morgenmusik am Brunnen —
mit Absichtlichkeit aus dem Wege. Es war geradezu[4] beleidigend. Ich trat auf ihn zu, hatte schon die Hand zum Gruß
ausgestreckt — da: ein großer, kühler Blick aus seinen sonst so
freundlichen Augen — eine elegante Wendung nach rechts —
und fort war er. William lachte mich aus, aber das ist mir
höchst gleichgiltig. Wenn ich nur wüßte . . . Man läutet zu
Tisch."

Waldemar Sternberg befand sich in einem schwer zu beschrei-
benden[5] Zustande. Seine Entrüstung[6] über die Gefühllose
stieg mit jeder Begegnung, und dennoch war es ihm unmöglich,
den Gegenstand seines Grolles zu fliehen. Irgend eine geheim-
nißvolle Macht hielt ihn in Wiesbaden zurück und leitete seinen
Fuß allemal gerade dorthin, wo sie, die er beinahe haßte, sich

befand. Er hatte sich übrigens ein englisch-deutsches Lehrbuch[1] erstanden[2] und mit Hilfe desselben einige Phrasen componirt, welche nach seiner Ansicht recht gut klangen. Bei[3] einem
erneuten Versuch ihrerseits, eine Begegnung herbeizuführen,
wollte er das Erlernte in Anwendung[4] bringen. Und dann:
fort für immer!... Sie mußte aber jedenfalls wissen, daß er
sie durchschaut. — Inzwischen setzte Miß Lily Howard ihre Nach-
forschungen in Betreff der Naturgeschichte der Simpel fort —
ohne Erfolg. „Es kann nicht anders sein, als daß jener Schaffner sich einen schlechten[5] Scherz mit mir erlaubt hat, Will,"
sagte sie eines Tages beim lunch zu dem gefälligen Brauncarrirten,[6] „Niemand will oder kann mir Bescheid geben. Der
Kellner sowohl als das Zimmermädchen und der Briefträger[7]
zuckten, als einzige Antwort, lachend mit den Schultern und
ließen mich stehen." Vetter Will schlug[8] seufzend die ellen-
langen Beine übereinander. „Und ich setze mich allgemach[9] in
das Renommée[10] eines Narren!" erwiderte er. „Machte gestern
den Versuch, einen gelehrt[11] aussehenden Herrn, der die Inschrift
an dem Kurhause studirte, darnach zu fragen. Aber — by Jove!
— diese Deutschen sind wunderliche Leute. Er schien meine
Frage als persönliche Beleidigung aufzufassen,[12] maß mich
secundenlang über[13] seine große, goldgefaßte Brille fort von
oben bis unten und wandte mir den Rücken. Ein zweiter
— das war ein junger Bursche mit Schulbüchern unter dem
Arm — antwortete noch anders. Ich fragte in aller Be-
scheidenheit: ‚Neißen[14] Sie mich zu sagen, was eine Simpel
sein, jung Herr?' Da brach er in ein schallendes Gelächter

aus und meinte, ich solle¹ nur in den Spiegel sehen, da wisse
ich es gleich!"

„Armer Will!... Wir wollen vorläufig unsere Forschungen
einstellen und Jane's Brief abwarten. Sie befindet sich nun
bereits dreizehn Monate in Deutschland, wird uns also sicher
Auskunft ertheilen können."

„Well, darling," erwiderte er, ein halbes Beefsteak in den
Mund schiebend. „Mir ist die Geschichte ganz gleichgiltig.
Willst Du jetzt mit mir gehen, um den lawn-tennis-Platz² in
Augenschein zu nehmen? Diesen Nachmittag werde ich dort
mit Mr. Knowles eine Partie haben."

––––––––––

Mitternacht war bereits vorüber, da brannten noch die Kerzen
im Schlafzimmer der Miß. Sie selbst saß, noch völlig ange=
kleidet, mit blassen Wangen und getötheten Augenlidern vor
ihrem Tagebuch. „Ich bin vernichtet!"³ — hieß es darin —
„ich bin die Unglücklichste aller Sterblichen! Aber es geschieht
mir schon recht. Warum war ich so kurzsichtig, so stumpfsinnig,⁴
so unverzeihlich⁵ und unbegreiflich thöricht!? Meine Forschungen
haben ein Ende. Jane hat geschrieben. Ich weiß nun, was
ein Simpel ist. Ich selbst bin einer! Noch dazu einer von
der ersten Qualität. — Jetzt ist es mir unfaßbar,⁶ daß ich nicht
sofort darauf⁷ kam, was das Wort bedeuten könne; Jane be=
greift es auch nicht recht, meint aber, zu meiner Entschuldigung,
der Ausländer stehe⁸ im fremden Lande, dessen Sprache er nicht
kenne, wie mit geschlossenen⁹ Sinnen da. Das Einfachste
verwirre ihn. Selbst jene Wörter, welche in Schreibart¹⁰ und

Bedeutung denjenigen der Heimatsprache ähnlich seien, lauteten ihm fremd, unkenntlich[1] gemacht durch die fremde Aussprache. Diese Auseinandersetzung soll mir zum Trost[2] gereichen. Gute Jane! Als ob es für mich einen solchen Trost gäbe! ... Nun, das Wort Simpel ist eben gleichbedeutend mit unserm simpleton oder dunce! Daß wir, Will und ich, darauf nicht kamen, beweist, daß wir selbst zu dieser ‚besonderen Species' gehören, welche mir noch vor Kurzem so interessant war! Schande über meine Dummheit!

Ich habe soeben, so gut es mir mit Zuhilfenahme[3] einiger Bücher gelingen wollte, einen Brief an Herrn Waldemar Sternberg zusammengestückelt,[4] der ein ehrliches Bekenntniß und die Bitte um Vergebung enthält. Morgen soll John denselben unter der Adresse, welche der gute, deutsche Mann mir gegeben, abliefern. Aber wiedersehen kann und will ich ihn nicht! Es steht[5] fest: morgen Vormittag dampfe[6] ich nach Heidelberg ab. Jane allein vermag mit mir zu fühlen. Tante Carry ist nun, da Will und Lady Morgan hier sind, gut versorgt und kann mich entbehren. Wiesbaden wäre fernerhin unerträglich für mich! ... Ich werde ganz heimlich gehen — um nicht etwa durch einen Machtspruch[7] der Tante zurückgehalten zu werden — und einen Brief zurücklassen, der Alles erklärt. Will, der gute Junge, wird schon Alles ins Gleis[8] bringen. Mein Kopf schmerzt wie nie vorher. Oh, wär' ich erst[9] fort! ...“

— — — — — — — — — — — — — — —

Es war gegen zehn Uhr Morgens, als das Billet aus der „Rose“ seinen Bestimmungsort erreichte. Der Kellner, welcher

es zu dem Zimmer des jungen Gutsbesitzers emportrug,[1] stand
erstaunt vor der Thür still. Herr Sternberg schien[2] nicht allein!
Er schien sogar Damenbesuch zu haben! „Sie sind sehr grausam
— you are very cruel! Und ich habe Sie sehr geliebt — and
I have loved you very much! Aber nun ist es zu spät — but
now, it is too late!" Der Kellner pochte schüchtern an und
zwängte[3] seinen schön frisirten Kopf durch die Thürspalte. Zu
seinem größten Erstaunen befand sich Herr Sternberg allein.
„Ein Brief, Herr Sternberg — —" Der Angeredete hörte
nicht. „But now, it is too late!" wiederholte er. „You
are very cruel — and I have loved you — —"

„Ich bitte unterthänigst[4] um Verzeihung. Hier ist ein Brief.
Er kommt aus der ‚Rose‘." Das Wort „Rose" rief den Ab=
wesenden in die Gegenwart zurück. „Geben Sie ihn her,"
sagte er, sich umwendend. „Ich danke Ihnen."

Das Briefchen war kurz und sonderbar. Es lautete:[5]

„Mein Herr! Ich habe Ihnen[6] zu bitten um Vergebung
und thun es hier. Ich habe nicht gekannt die Bedeutung von
die Wort ‚Simpel,‘ oder ich hätte es nicht zu Sie gesagt ge=
habt... Mein Herr! Sie sein kein Simpel. Ich bin eins.
I am a simpleton! And you are very kind.

Lily Howard."

Waldemar Sternberg sah ganz roth aus, als er sein Antlitz
von dem Briefe emporrichtete. Mit Hast ergriff er sein Wörter=
buch und buchstabirte[7] sich die Schlußzeile heraus: „Ich bin
ein Simpel! Und sie sind sehr gütig.["]

Das war ein Brief! Er electrisirte den Empfänger völlig.

Nach zwölf Uhr, zur Visitenstunde, erschien Herr Waldemar
Sternberg in der „Rose" und gab seine Karte für Miß Lily
Howard ab. Bald darauf zeigte sich John — eine wandelnde
Statue in erbsenfarbener[1] Livree und erbsenfarbenen Bart-
Cotelettes — um den Besuch in Empfang zu nehmen und in
einen Salon[2] zu führen, worin sich nur der dem jungen Gutsbesitzer von Ansehen[3] bekannte Brauncarrirte[4] befand. Derselbe hielt Sternbergs Visitenkarte in der Hand und blickte
darüber hin den Eintretenden neugierig an. „Guten Morgen,
mein Herr. Ich kenne Ihnen.[5] Sie sein der Sim — pardon!
Sie sein der Herr, welches sein gereist mit Cousine Lily. Uie
befinden Sie sich? Bitte, nehmen Sie ein Sitz." „Ich danke
Ihnen, mein Herr. Sie sind sehr gütig. Werde ich das Vergnügen haben, auch Ihr Fräulein Cousine begrüßen zu dürfen?"
Der junge Engländer schüttelte sehr energisch sein kurzgescho-
renes Haupt. „Nein, das Vergnügen uerden[6] Sie nicht haben,
oder Sie müssen gehen mit mich nach Heidelberg. Lily sein
abgerissen diesen Morgen, ucißen Sie."

Waldemar Sternberg war zu bestürzt, um sogleich eine Antwort zu finden. Der Ausdruck seines Gesichts schien Mr.
William höchlichst zu belustigen. Er zeigte alle seine blitzenden
Zähne, als er fortfuhr: „Sie müssen[7] nicht aussehen so genie-
berschlagt, mein Herr. Uenn es sein eine Sache von Uichtig-
keit, uas Sie haben zu sprechen mit Cousine Lily, so können Sie
gehen mit mich nach Heidelberg." Die Augen des jungen
Gutsbesitzers leuchteten auf. „So würden Sie mir in der That
gestatten, Sie zu begleiten?" sagte er erfreut. „Es liegt mir

viel daran, Miß Howard noch einmal zu sprechen, bevor ich
Wiesbaden wieder verlasse! Sie wissen vielleicht nicht —"

„Ich ueiß' Alles. Ich haben mir mussen selber blamiren
uegen die Simpel, mein Herr. Und es sein auch vonuegen das,
uarum Lily sein abgerissen."

„Wird Ihr Fräulein Cousine auch einverstanden² damit sein,
daß Sie mich mitbringen?"

„Das³ sein gleichgiltig. Uir fahren morgen Vormittag zehn
Uhr mit die Schnellzug. Hier sein meine Karte. Und nun uir
uerden trinken zusammen ein Glas Portuein!"

III.

Das Mißchen befand sich nun bereits über vierundzwanzig
Stunden in Heidelberg, im Hause der Frau Professor Hartner,
alias⁴ Jane Commins. Man gab sich der Freude des Bei-
einanderseins⁵ hin, und Lily schüttete⁶ der theilnehmenden Jane
und deren augenscheinlich ebenso theilnehmenden Baby ihr ganzes
Herz aus. Seltsam,⁷ daß dieses thörichte Herz trotzdem⁸ nicht
leichter werden, nicht ruhiger pochen wollte! ... Und würde
die Erinnerung an den blonden Deutschen und das ihm zuge-
fügte Unrecht ewig so frisch und lebhaft vor Lilys Seele stehen
als jetzt — als heute? Sie fragte sich das, während sie am
Nachmittag des folgenden Tages in dem zum Professorhause
gehörigen Garten spazieren ging, unter Rosen und „Goldveig=
lein,"⁹ unter dem klarsten Sonnenhimmel — und das niedlichste
und artigste aller Babys auf dem Arm tragend. Nur wenige
Menschen passirten die stille Straße, und keiner derselben ging¹⁰

sie, die thörichte Lily, etwas an. Sie trat an den niedrigen
Zaun und blickte drüber hin. „Hier kann er mich nicht finden,
Baby," sagte sie zu dem Mousselinbündel,[1] aus welchem ein
Paar so verständige, schwarze Augen hervorschauten — „hier
nicht. Und der Himmel weiß, ob er es wünscht!" Im nächsten
Augenblick gewahrte[2] Baby mit deutlich auf seinem runden Gesicht ausgeprägtem Befremden, daß der seinen Thronsessel
bildende Arm zu zittern begann; daß Tante Ly ganz roth wurde
und recht erschrocken schien! Und es war doch gar nichts geschehen. Es traten nur ein Paar[3] Männer in den Garten, die
gar[4] nicht zum Fürchten aussahen.

„Oh, Mr. Sternberg! — O, Will — nimm das Baby, ich
bitte Dich! Ich kann es nicht mehr halten!" Gleich darauf
schwebte das Mousselinbündel glückselig[5] kreischend zwischen
zwei großen, kräftigen Händen in die Luft empor und griff mit
seinen dicken Fingerchen in das lachende Gesicht des guten
Riesen, welcher sich William Burne nannte. Und das Mißchen?
Und der Simpel? Ersteres wollte davon laufen, aber letzterer
blickte es so bittend an, und Vetter Will sagte auf englisch:
„Nun, sei keine Gans, Lily. Ich finde, er ist ein prächtiger
Bursche und scheint rasend[6] in Dich verliebt. Wir haben unterwegs bereits Freundschaft geschlossen und es steht[7] fest, daß ich
ihn zur Rebhühnerjagd[8] besuche. Es wäre mir lieb, wenn Du
dann auch dort, bei Sternberg, meine ich — wärest, wegen der
englischen Küche,[9] weißt Du." — Dann nahm[10] ihn das Baby
wieder völlig in Anspruch ... Als nach einer Weile die Pro-
fessorin,[11] sehr erstaunt blickend, in den Garten trat, flog ihr

Lily mit Ungestüm¹ in die Arme. „Er ist da, Jane! Ich bitte Dich, sei recht lieb² mit ihm — und auch mit dem guten Vetter Will, der ihn mir mitgebracht hat!" „Mein Name ist Stern=berg," sagte in demselben Augenblick der junge Rheinländer, sich verneigend, mit seiner schönen, volltönenden Stimme und setzte, als er eine lächelnde Frage in den Augen der jungen Frau zu lesen meinte, heiter hinzu: „genannt: der Simpel." Da lachten sie Alle, und das kluge Baby jauchzte³ auf, als wisse es schon jetzt, daß alles Heil⁴ für Tante Ly und Waldemar Sternberg von diesem einen, wunderlichen Worte kommen sollte.

Sphinx.

Von Karl Peschkau.

I.

28. August.

Mein Lieber! Du wirst erstaunt sein, einen Brief von mir zu erhalten. Trotzdem uns von[1] Kindheit auf eine innige Freundschaft verbindet, wird man nach unserem Tode keinen zwischen uns gepflogenen[2] Briefwechsel[3] zum Herausgeben finden. Wir stimmen[4] auch darin überein, daß die Postkarte[5] eine der glücklichsten Erfindungen der Neuzeit ist. Sie erfüllt ihren Zweck und — verpflichtet[6] zu nichts. An[7] den gebildeten Briefschreiber stellt man alle möglichen Anforderungen, Niemand aber wird auf einer Postkarte schöne Worte, schöne Sätze, geistreiche[8] Gedanken erwarten. Wenn wir Gelehrte[9] heutzutage so etwas[10] im Vorrath[11] haben, so machen wir ein Feuilleton[12] für eine große Zeitung daraus und verdienen das Geld selber, das sonst die Herausgeber unserer hinterlassenen Korrespondenzen einstecken[13] würden. Ich habe denn auch schon seit Jahren keinen Brief geschrieben und führe immer ein Dutzend Postkarten bei mir, um[14] nicht einer Schicksalstücke

zu erliegen und doch zu einem Brief verleitet zu werden.
Denn — wenn wir Männer von der Feder[1] einmal anfangen
zu schreiben und nicht durch das Rechteck[2] einer Postkarte
beschränkt sind, dann gerathen[3] wir auch aus dem Hundertsten
ins Tausendste und —

Da[4] hast du's ja. Nun habe ich eine Seite voll geschrieben
und Du bist über die Ursache der Erscheinung dieses Briefes
noch immer im Unklaren.[5] Dieselbe[6] festzustellen, ist übrigens
kein leichtes Stück Arbeit, denn nur das Zusammentreffen[7]
mehrerer Umstände bedingte es, daß dieses Schreiben der Post
übergeben wurde. Ich will Dich deshalb zuerst mit den
äußeren[8] Verhältnissen bekannt machen und Dir dann die
inneren[9] Vorgänge mittheilen, die dazu führten, daß ich Dir
nun schreibe.

Du weißt, daß ich meine Reise zu dem Zwecke[10] unternahm,
Studien über die Natur der Algen[11] und Flechten[12] anzustellen,
auf Grund[13] derer ich meine Monographie über diese Pflanzen=
geschlechter zum Abschluß zu bringen hoffe. Nun bin ich hier in
ein geradezu[14] köstliches Thal gerathen.[15] Ein Dichter würde
sagen: Ueber diese Gegend hält eine gütige Fee ihre Hand.
Du brauchst nur irgendwo ein Glas Wasser auszuschütten[16] —
in ein paar[17] Stunden ist die Pfütze mit dem herrlichsten
grünen Schlamm[18] bedeckt. Auf allen Baumstämmen wuchern
Flechten und Moose, in den Bauernhäusern sprossen[19] sie aus
den Fußböden und Wänden hervor. Die dummen Bauern
schimpfen[20] natürlich darüber und vertilgen die Pflanzen,
sobald diese erscheinen, ahnungslos,[21] was für Schätze sie

vernichten,[1] ehe das Auge eines Naturforschers dieselben unter=
sucht hat. Mit den Bauern ist deshalb auch wenig zu machen,
dafür aber bietet die Gegend eine Ausbeute,[2] wie ich sie in
meinen kühnsten Träumen nie gehofft habe. Nun aber herrscht
seit ein paar Tagen das elendeste Wetter, das Du Dir denken
kannst. Ueber den Bergen hängt ein schwarzer Sack, und aus
demselben strömt unaufhörlich Wasser und Wasser. Man kann
keinen Schritt vor die Thüre machen. Die übrigen Touristen
haben sich schleunigst[3] geflüchtet, ich aber kann meine Flechten
nicht im Stich[4] lassen und muß das Wetter eben abwarten.

Das sind die äußeren Umstände, und die überflüssige[5] Zeit,
welche ich in Folge derselben habe, verursacht[6] zum Theil diesen
Brief. Zum andern Theil aber wird er durch ein inneres Er=
lebniß bedingt, das ich Dir erzählen will, weil Du vielleicht
Einiges zur Klärung[7] der Sache beitragen kannst.

Du weißt, daß ich von Jugend auf mein ganzes Interesse
jenen Organismen zuwendete, welche die dumme Menge die
„niederen" nennt. Mein Werk „Die Grenze zwischen Thier=
und Pflanzenleben" hat mir einen berühmten Namen gemacht
und meine Berufung[8] an unsre Universität zur Folge gehabt.
Mir ist diese Welt des Winzigkleinen[9] immer viel wunderbarer
erschienen, als die Welt des Großen,[10] und der Bau[11] und die
Lebensäußerungen dieser unscheinbaren[12] Individuen schienen
mir viel kunstreicher, räthselhafter und mannigfaltiger als jene
der sogenannten höher entwickelten Pflanzen und Thiere und
jene der Menschen. Ich bin auch überzeugt, daß nur die voll=
ständige[13] Erschließung dieses Gebietes uns den Räthseln der

Schöpfung näher führt und daß hier, an den Grenzen zwischen
Leblosem[1] und Belebtem,[2] zwischen Beseeltem[3] und Unbeseeltem[4]
der Schlüssel des Geheimnisses verborgen liegt. Der Triumph
der modernen Naturwissenschaft ist die Erforschung der Grenze
zwischen Mensch und Thier. Welch' ungeheurer Fortschritt in
der Erkenntniß wurde dadurch gemacht! Aber wie offen[5] zu
Tage liegt das Grenzgebiet zwischen Mensch und Thier im
Verhältniß[6] zu jenem zwischen Thier und Pflanze, zwischen
Pflanze und Mineral, und wie unendlich wächst die Wichtigkeit
der Forschung, wenn wir von dem ersten[7] Gebiete zum zweiten
und dritten übergehen. Ist[8] das dritte erforscht, dann ist das
Geheimniß der Schöpfung enthüllt.

Aber das Alles wollte ich Dir ja wieder nicht schreiben. Das
wäre eigentlich wieder ein Feuilletonstoff. Ich wollte nur
sagen, daß ich bisher an den sogenannten höheren Organismen
gar kein Interesse nahm, daß nichts an ihnen meinen Forschungs=
trieb[9] reizte. Und nun ist mir da plötzlich etwas Eigenthüm=
liches passirt.[10] Wenn ich nicht gelaunt[11] bin, zu arbeiten, sitze
ich, um den langen Tag zu kürzen, im Speisesaal des Gasthofs,
blättere in den Zeitschriften,[12] lese in den Reisebüchern, starre
durch's Fenster oder plaudere mit der Wirthstochter. Diese
führt den Haushalt, denn die Mutter ist gestorben. Es ist nun
gar nichts Besonderes an ihr — wenigstens für den ersten Blick.
Sie ist mittlerer[13] Größe, gerade gewachsen, von gesunden
Formen. Ihr Gesicht gehört zu jenen, die man hübsch nennt,
das heißt, man sieht es gern. Sie hat braune Augen, und
wenn sie Einen[14] mit denselben so fest ansieht, wie sie's gern

thut, so muß man lachen, ob man will oder nicht. Sie selbst lacht übrigens auch gern, und dann hat sie in den Wangen zwei Grübchen, die ihr sehr gut stehen.[1] Sie heißt Agnes, und weil sie Nachmittags gewöhnlich im Speisesaal am Fenster sitzt und strickt oder näht, so kam es, das wir zu plaudern begannen und nun jeden Tag unser Plauderstündchen halten. Nun habe ich Männer, Frauen und Mädchen jeglicher[2] Art, schön und häßlich, gescheidt und dumm, gut und böse, groß und klein, kennen gelernt, aber es war mir immer, als hätte ich ein Objekt vor mir, an dem weiter nichts zu erforschen ist. Meine Algen[3] und Flechten, Moose und Pilze waren mir viel interessanter. Ist es da nicht merkwürdig, daß dieses Mädchen, das ich im ersten Augenblick für nichts weiter hielt, als eben für ein hübsches Mädchen, eine Ausnahme macht? Ja, Philipp, ich glaube, es giebt doch auch menschliche Seelen, welche in der Eigenthümlichkeit ihrer Organisation,[4] ihrer Lebensäußerungen[5] hinter Infusorien und Seeschlamm[6] nicht zurückstehen. Miß= verstehe mich nicht. Ich bin vollkommen gewiß, daß die „Seele" nichts Anderes ist, als eine chemisch=mechanische Thä= tigkeit der Gehirnsubstanz.[7] Eben deshalb erscheint es mir aber wunderbar, daß eine Seele so räthselhafte Eigenthümlichkeiten haben kann, wie die Seele dieses Mädchens. Wie unendlich verwickelt muß der chemische Vorgang[8] sein, der in ihrem Ge= hirne vor[9] sich geht, wenn sie denkt! Ihr ganzes Wesen scheint aus Widersprüchen[10] zusammengesetzt. Bald ist sie still, schweigsam, ernst, bald übermüthig,[11] eigensinnig, gefallsüchtig. Ich kann oft aus ihren Reden nicht klug[12] werden. Ich weiß nicht einmal, ob sie dumm oder gescheidt ist. Trotzdem sie in einer Erziehungsanstalt[1] der benachbarten Stadt ihre Erziehung genossen und dort — höre! — sogar „Naturgeschichte" gelernt hat, ist ihr mein Name ganz fremd. Ihre Bildung ist also ziemlich oberflächlich.[2] Aber abgesehen[3] davon — ist sie dumm oder gescheidt? Sie sagte mir unter Lachen, sie könne es nicht glauben, daß die Erde sich fortwährend dreht, denn wir müßten doch etwas davon verspüren. Ich sprach mich ganz heiser, führte ihr alle möglichen Beweisgründe vor, und am Ende lachte sie mir ins Gesicht und sagte: „Ich glaube es doch nicht." — Und heute wieder — heute, als ich ihr erzählte, wir Natur=forscher glauben an keine Schöpfung, sondern an eine natürliche Entwickelung[4] — da sah sie mich lange ernsthaft an und sagte: „Ja, ich glaube auch daran." Und dann schilderte sie mir, wie sie sich diese Entwickelung denke, bezog sich bei Einzelheiten auf Beobachtungen, die sie in der Natur, in ihrem Haushalte ge= macht, und ich sage Dir, Philipp, wenn sie Darwin[5] und Häckel[6] mit dem größten Fleiß und dem größten Scharfsinn[7] studirt hätte, ich glaube nicht, daß sie dann in reineren, schlich= teren und treffenderen Zügen eine Darstellung der Lehre von der Zuchtwahl[8] hätte geben können . . . ..

Verzeih', wenn ich mich in Einzelheiten verliere. Aber etwas möchte ich Dir doch erzählen, und ich könnte hunderte solcher sich widersprechender, ganz seltsamer Züge anführen. Um aber zum Schluß zu kommen — ich glaube deshalb, daß die Er= forschung einer solchen Seele nicht minder lohnend[9] wäre, als die der Algen und Flechten. Du bist nun etwas weiter entfernt

unb wirſt beshalb richtiger ſehen. Es iſt möglich, daß ich einer
optiſchen Täuſchung unterliege. Was meinſt Du dazu?

Ich bin in den letzten Tagen übrigens nicht ganz wohl ge=
weſen. Ich ſchlafe unruhig,[1] bin bald aufgeregt und bald
müde. Ich glaube, es war der Wein, den ſie hier haben.
Er wächſt drüben an den Seeabhängen[2] und hat ſehr wenig
Säure.[3] Seit heute trinke ich ihn nur mit Waſſer und Zucker
und fühle mich[4] auch ſchon etwas beſſer.

Und nun lebe wohl und grüße mir die Kollegen von

Deinem treuen Robert.

II.

4. September.

Beſter Freund! Du weißt, ich nehme einen Scherz nicht
krumm,[5] auch wenn er mich betrifft. Aber heute haſt Du mich
ernſtlich böſe gemacht. „Ich glaube, Du biſt verliebt,[6] oder
auf dem Wege, es zu werden,“ — das iſt Alles, was Du mir
antworteſt. Das iſt nicht Freundesſprache, Philipp. Biſt
auch Du Einer von denen, die immer nur perſönliches und kein
wiſſenſchaftliches Intereſſe ſehen? Ich ſage Dir, daß mich
dieſes Mädchen anzieht,[7] wie eine ſonderbare Pflanzen= oder
Thiergattung.[8] Weiter nichts! Dies nur in Eile als Antwort
auf Deinen Brief. Trotzdem es nicht viel iſt, benutzte ich doch
keine Poſtkarte, denn der Briefträger[9] im Dorfe lieſt Alles,
was er leſen kann. Mit Gruß

Dein Robert.

III.

4. September, Abends.

Lieber Philipp! Ich habe Dir zu rasch geantwortet — in
der ersten Entrüstung[1] über Deinen Brief. Ich mußte ja un-
willig[2] darüber werden. Ich bin über die Dreißig[3] hinaus
und Du weißt, daß ich die Liebe als Knabenthorheit[4] betrachtete.
Auch ich war einmal ein Thor[5] — als Jüngling. Seitdem
nicht wieder — vorbei! . . . Und nun glaube ich fast, daß Du
recht hast. Trotzdem ich den Wein mit sehr viel Zucker und
noch mehr Wasser trinke, schlafe ich immer schlechter. Bin[6]
ich bei ihr, dann brennt es in mir wie Feuer, und bin ich fort,
dann sinke ich müde hin und träume. Mein Appetit ist so
schlecht geworden, daß der Wirth schon ein langes Gesicht
macht. Ich erkenne mich nicht wieder. Ich habe keinen Kopf
mehr zum Arbeiten — ich — Ach! ich glaube, das Beste ist, ich
packe mein Ränzlein[7] und wandere weiter. Antworte mir
rasch, ich erwarte noch Deinen Brief.

Philipp — ich hatte bisher vor mir selber eine gewisse Hoch-
achtung. Das ist nun dahin.[8] Daß ich Dich an meiner Seite
hätte! Du warst immer entschlossener, sicherer im Handeln als
ich. Naturen wie meine sollte man in Glaskästen stellen, damit
sie dort ruhig arbeiten können und nicht in Widerstreit[9] mit der
Welt kommen. Schreibe mir sofort.

Dein Robert.

Nachschrift.[10] Nimm um Himmelswillen[11] keine Postkarte,
denn der Briefträger liest Alles.

IV.

10. September.

Mein Freund! Deine Antwort hat mir am erften Tag viel
zu fchaffen[1] gemacht. „Wenn Du fie liebft und das Mädchen
es werth ift, heirathe fie,‟ fchriebft Du. Das hatte ich nicht
erwartet, das verfeßte[2] mich in Beftürzung. Ich — und hei=
rathen! Ich begann mein Ränzel zu packen, aber ich befann
mich. Warum nicht? Sind nicht andere Gelehrte und Pro=
fefforen auch verheirathet? Das ftört nicht bei der Arbeit,
fondern fördert.[3] Man muß nur weife fein und eine Frau
wählen, die das Zeug[4] dazu hat. Plößlich ging mir ein Licht[5]
auf. Die richtige Frau — ift die nicht gewiffermaßen[6] der
Glaskaften, der vor der Welt fchüßt? Der Mann kann feiner
Arbeit leben[7] und die Frau hält Alles von ihm ab, was ihn
ftören könnte. Sie forgt für Speife und Trank, für Wohnung
und Kleidung, fie empfängt die Befuche und fagt, der Herr
Profeffor fei[8] nicht zu Haufe; fie kann ihm fogar behilflich bei
der Arbeit fein, ihm Kartoffelfchnitte[9] herftellen für die Kultur
von Schimmelpilzen u. dgl.[10] mehr. Ja, Freund, Du hatteft
wieder recht. Ich befchloß zu bleiben und — nein, freue Dich
nicht, daß ich Hals[11] über Kopf einen dummen Streich[12] beging.
Ehe ich ihr einen Antrag[13] machte, wollte ich ruhig prüfen, ob
fie auch die richtige Frau für mich ift.

Was ihre Bildung betrifft, fo weißt Du, daß diefelbe gründ=
licher fein könnte, aber ich hoffe, daß das bald beffer werden
wird, denn fie hat erftaunlich[14] viel Mutterwiß. Sie hat oft

Einfälle,[1] wie ich sie in meinen besten Stunden nicht habe. So viel hatte ich herausgefunden, und es galt[2] nun nur noch, ihre übrigen Eigenschaften festzustellen. Ich begann Versuche[3] anzustellen und mache Dich nachfolgend mit dem Ergebniß[4] bekannt.

1. Agnes ist ruhig, fest, aber nicht leidenschaftlich.[5]

2. Sie hat eine kleine Neigung zum Necken.

3. Sie kleidet sich nett und sorgfältig, haßt aber den Putz[6] (vortrefflich!).

4. Sie ist mitleidig[7] und liebt die Thiere. (Ob es da nicht zu einem Zank kommen könnte, wenn ich einmal an einem Frosch herumschneide?[8] Die Sache ist nicht so gefährlich.[9] Die Thiere fangen[10] bei ihr erst jenseits der Frösche an und einen Schmetterling spießt[11] sie ohne viel Federlesens[12] selber auf).

5. Sie ist reinlich und weiß das Haus in Ordnung zu halten. An der Scheuerwuth[13] leidet sie nur in sehr geringem Grade.

6. Ihr sicheres[14] Wesen verschafft ihr überall Achtung. Sie weiß sich zu benehmen und hat städtischen[15] Schliff.

7. Sie ist fromm, aber nicht beschränkt,[16] nicht frömmelnd.[17]

8. Wen sie liebt, den liebt sie von ganzem Herzen. Sie ist wahr und lügt nie.

9. Sie ist eine Feindin des Klatsches.[18]

10. Sie findet ihre Befriedigung in ihrem Haushalt und dürstet nicht nach Vergnügungen. (Also[19] ganz mein Fall!).

Soviel habe ich in der kurzen Zeit bereits auf dem Wege[1] des Versuches festgestellt. In Anbetracht[2] dessen, daß ich mich bisher nur mit der Erforschung thierischer und pflanzlicher Gefüge[3] beschäftigte, nicht aber mit Seelenforschung,[4] ist dies gewiß viel. Ziehe[5] ich nun aus diesen zehn Nummern das Facit, so glaube ich, daß Agnes sich zu meiner Frau eignet. Nur eine Beobachtung[6] hat mich wieder stutzig gemacht. Agnes saß heute am Fenster und nähte. Da fiel ihr eine Nadel zu Boden, sie sah es und — hob[7] sie nicht auf. Das beschäftigte sofort meine Gedanken so sehr, daß ich das Gespräch nur ein= silbig[8] und zerstreut fortsetzte. Erstlich: welches Unglück kann daraus entstehen — denke nur an die Kinder, Philipp! — wenn eine Frau so sorglos mit den Nadeln umgeht. Zweitens ist das ein Zeichen von Unachtsamkeit, Oberflächlichkeit. Sie wird es ebenso[9] wenig der Mühe werth finden, einen Knopf an meinem Rocke anzunähen, wenn sie auch sieht, daß ein solcher fehlt. Das[10] ist aber noch weiter ins Große, Allgemeine zu verfolgen. Deutet dieser Zug[11] nicht auf eine Oberflächlichkeit des Charakters überhaupt, auf einen gewissen Leichtsinn?[12] Aber um Alles[13] keine leichtsinnige Frau! Ich komme bei dem Gedanken schon in fieberhafte Erregung. Bitte, lieber Philipp, antworte mir, was Du von dem Allen hältst.

Dein Robert.

Nachschrift. Beim nochmaligen[14] Durchlesen dieser Zeilen fällt mir ein, daß sie am Ende[15] die Nadel nur deshalb liegen ließ, weil sie erwartete, daß ich sie aufhebe. Ich muß ganz kopflos[16] gewesen sein, aber so geht es mir immer. Erst wenn

es zu spät ist, fällt es mir ein: Da hättest Du ja galant sein
sollen. Und wenn ich mir's so recht überlege,[1] war es eigentlich
ein feiner Zug[2] von ihr, ein Beweis eines edlen, guten Charak=
ters. Die Nadel fiel, ich hob sie nicht auf, aber sie wollte mir
meine Plumpheit nicht vorwerfen[3] und ließ sie deshalb liegen.
Ja, hätte[4] sie die Nadel aufgehoben, dann wäre ich ja sofort
zur Besinnung[5] gekommen, ich hätte auch nach der Nadel
gelangt[6] und wäre natürlich entsetzlich[7] verlegen geworden.
Diese „Beschämung"[8] wollte mir das gute Kind ersparen.

V.

13. September.

Lieber Philipp! Ich gebe Dir nicht ganz recht, wenn Du
sagst, man müsse[9] das Wesen eines Weibes mehr fühlen als
zergliedern.[10] Das Weib offenbare sich dem Liebenden, dem
Dichter, aber für den Forscher[11] bleibe es immer eine Sphinx.[12]
Du hast auch entschieden Unrecht, wenn Du die Geschichte von
der Nadel dummes Zeug nennst. Daß ich noch nicht den rich=
tigen Schluß[13] daraus zu ziehen weiß, das ist ein Mangel
meiner Erkenntnißfähigkeit,[14] oder meiner Uebung, nicht aber ein
Mangel der Beweiskraft.[15] Für den Forscher giebt es keine
Sphinx — in der Theorie. In der Praxis[16] steht er natürlich
Manchem noch hilflos gegenüber, weil er die Mittel noch nicht
erworben hat, um die Räthsel der Sphinx zu lösen. Aber er
wird sie erwerben.

In der Hauptsache[17] stimme ich Dir indeß bei. Das Wichtigste
ist nun, zu erfahren, ob sie mich liebt. Thut[18] sie das, dann

wird[1] eben geheirathet. Denn, Philipp, mir wird ihr holdes
Gesicht jeden Tag lieber und in meiner Brust regt sich ein
stürmisches Verlangen, diesen süßen Blondkopf an mein Herz zu
pressen.

VI.

18. September.

In Eile! Lieber Philipp, es giebt in der gesammten[2]
Wissenschaft keine schwierigere Aufgabe, als zu ergründen, ob
ein Mädchen liebt oder nicht. Ich habe zuerst nur die Methode
des Beobachtens angewendet und dabei so viele Punkte festgestellt, die auf ein Wohlgefallen[3] an meiner Person, auf eine
Neigung zu mir deuteten, daß ich endlich zum Experimente fort-
zuschreiten[4] beschloß. Ich versuchte, mich meinem Ziele von
zwei Seiten her zu nähern, indem ich einmal das Gespräch auf
meine Heirathsfähigkeit[5] und das andere Mal auf ihre Heirathslust[6] lenkte. Beide Experimente hatten absolut keinen Erfolg.
Was soll ich nun beginnen? Ich weiß es im Augenblick wahrhaftig nicht.

Sie ist übrigens seitdem zurückhaltender[7] geworden. Hat sie
doch etwas gemerkt? Was soll aber dann diese Zurückhaltung?
Ist das eine Abweisung oder eine Aufforderung, weiter[8] zu
gehen? Ich glaube, Philipp, ich werde mich nicht mehr lange
bekämpfen.[9] Bis jetzt schien ich immer noch ruhig, kühl, ich
forschte; aber wenn ich ihr noch einmal so gegenüber sitze, wie
heute, dann weiß ich nicht, ob ich ihr nicht Alles sage. Ich bin
ganz verwandelt — in mir tobt[10] es wie im Herzen eines
Vulkans. Droben[11] scheint noch Alles ruhig, aber nicht mehr

lange, und der Krater wird sich öffnen. Das ist doch etwas Anderes, als damals die Knabenliebe! So ganz anders!

VII.

25. September.

Lieber, guter Freund! Der Poststempel „Salzburg"[1] wird Dir schon Alles gesagt haben. Es ist zu Ende. Ich muß mich in die Arbeit stürzen oder ins Wasser. Fürchte Nichts, ich thue doch das Erstere. Ich war ein Narr!

Als ich vorgestern früh[2] an's Fenster trat, sah ich einen jungen Mann in Jägertracht[3] auf[4] den Gasthof zuschreiten. War es eine Ahnung, daß mir das Gesicht des Menschen so abstoßend[5] erschien? . . . Eine Stunde später traf ich ihn bei Agnes im Speisesaal. Sie saßen so vertraulich beisammen, daß es mir wie ein Blitz[6] durch's Gebein fuhr. Ich wich zurück, Agnes aber sprang erröthend auf und erklärte die Situation mit den Worten: „Mein Bräutigam,[7] Herr Professor."

Das Weib ist doch eine Sphinx, Philipp. Ich gehe zu meinen Algen und Flechten. Lebe wohl und denke in Treue an Deinen Freund, der mit einer tiefen Wunde im Herzen davonzieht.

Dein Robert.

Eine Weihnachtsgeschichte.

Von Helene Stökl.

In dem alterthümlichen,[1] mit tiefen Nischen und Erkern[2] versehenen Wohnzimmer einer der Professorenwohnungen des Universitätsgebäudes der Stadt Leipzig stand ein junges Paar, das Mädchen eine feine schmiegsame[3] Gestalt mit leichtgekräuseltem[4] hellblondem Haar und sanften rehbraunen[5] Augen, der junge Mann, hoch und kräftig gewachsen, mit dunklem Haar und scharfgeschnittenem[6] Antlitz, aus dem ein Paar stahlgraue Augen hell aber kalt hervorblickten.

Das Gespräch, welches beide mit einander geführt hatten, mußte sie wenig befriedigt haben. Ein Schatten lag auf der Stirn des Mädchens, als sie jetzt schweigend neben einander standen. Plötzlich wandte sie sich mit herzlicher Geberde zu dem jungen Manne und beide Hände auf seine Schultern legend, sagte sie lächelnd:

„Nun aber will ich Dir etwas ganz Schönes und gar nicht zu Bezweifelndes[7] sagen. Weißt Du es schon? heute über[8] acht Tage kommt das Christkind!"

„Das Christkind!" Er suchte sich unmuthig[9] von ihr frei zu machen. „Ich kann nicht begreifen, warum[10] Du Dir, mir

gegenüber, in dieser kindischen Ausdrucksweise gefällst! Die
Zeit, an das Christkind zu glauben, ist für uns beide doch
vorüber!"

„Das kommt¹ wohl darauf an, welche Bedeutung wir damit
verbinden," sagte sie, während ein leichtes Erröthen über ihre
Wangen flog. „An das Christkind mit goldenen Flügeln und
silberglänzendem Gewande, wie wir es als Kinder zur Weih=
nachtszeit fliegen zu sehen meinten, glaube ich freilich nicht
mehr. Als holdes Symbol der göttlichen Liebe aber, die an
diesem Abend sichtbare² Gestalt für uns Menschen gewinnt, ist
es mir sicher nicht weniger theuer als sonst."

„An diesem Abend!" betonte er geringschätzig.³ „Als ob
dieser Abend nicht genau wäre wie jeder andere! — Du
brauchst⁴ Dich nicht zu entsetzen," setzte er ungeduldig hinzu, als
er ihrem erschrockenen Blicke begegnete, „es fällt⁵ mir nicht ein,
Deinen religiösen Ansichten irgendwie nahe⁶ treten oder über den
Werth des Christenthums⁷ mit Dir streiten zu wollen. Indessen
solltest Du doch wissen, daß der Weihnachtstag ein ganz willkür=
lich gewählter ist, den die christliche Kirche in den ersten Jahr=
hunderten nicht kannte und der auf historische Richtigkeit keinerlei
Anspruch⁸ machen kann."

„Das kann mich in meiner Weihnachtsfreude nicht stören,"
entgegnete sie sanft. „Kommt⁹ es doch bei allen Gedenktagen,
die weit in die Vergangenheit zurückgreifen und darum schwerlich
genau zu bestimmen sind, weniger auf das Datum selbst als
vielmehr auf die Wärme und Innigkeit an, mit der wir uns in
seine Bedeutung zu vertiefen wissen."

„Und stört es Dich auch nicht, daß das Weihnachtsfest einge-
führt wurde, um den vom Heidenthume bekehrten alten Deutschen
einen Ersatz für das Julfest[1] zu geben, das sie alljährlich zur
Zeit der Lichtwende[2] zu feiern pflegten?"

,Ist die Zeit, da das Licht den ersten Sieg über die Finster-
niß gewinnt, nicht mehr als jede andere geeignet, das Geburts-
fest dessen zu feiern, der da sprach: Ich bin das Licht der
Welt?" fragte sie ernst zurück. „Und könnten die Menschen
wohl eine passendere Zeit als gerade diese Tage voll Kälte und
Dunkelheit finden, um sich gegenseitig zu erfreuen, und durch
allerlei Liebeswerke Zeugniß[3] von der Liebe abzulegen, die ihre
Herzen unter einander verbindet?"

„Ich kann herzlich[4] wenig von dieser Liebe bemerken," ver-
setzte er kühl. „Soviel ich sehe, herrscht Neid, Zwietracht,
Falschheit und Hartherzigkeit zur Weihnachtszeit so gut wie zu
jeder anderen Zeit auf Erden. Die Menschen bleiben sich ihrer
innersten Natur nach[5] eben immer gleich. Eigennutz[6] und
Selbstsucht sind die Triebfedern ihres Thuns, selbst ihre an-
scheinend edelsten und aufopferndsten Handlungen beruhen im
Grunde auf Heuchelei oder Eitelkeit —"

Sie hob die Hand, um ihm Einhalt zu thun. „Wie kannst
Du so sprechen," fragte sie vorwurfsvoll, „da schon Dein eigenes
Innere Dir unrecht geben muß! Kennst Du das Wort des
Dichters[7] nicht? „Und wenn ich auf der Welt das
Gute nirgends fände, ich glaubte[8] doch daran,
weil ich's in mir empfände."

Er zog sie von plötzlicher Rührung übermannt an sich. Sie

ruhte einen Augenblick an seiner Brust, dann richtete sie sich
auf, und rief fröhlich: „Ich habe Dir ja meine Rose noch nicht
gezeigt! Du weißt, es ist dieselbe, die Du mir an unserm Ver=
lobungstage schenktest, und es freut mich so sehr, daß sie gerade
immer zur Weihnachtszeit zu blühen anfängt!"

Sie zog ihn mit sich zum Fenster, wo hinter den weißen
Vorhängen eine eben aufgeblühte Monatsrose¹ stand. „Wie
schön sie ist, und wie lieblich sie duftet!" rief sie, sich tief zu den
zarten Blüten beugend. Dann hob sie das Antlitz und mit
einem holden Lächeln zu ihm aufsehend, sagte sie: „Kannst
Du, Der du an allem zweifelst, nicht an das Christkind und nicht
an die Liebe der Menschen unter einander glauben willst, wohl
auch die Farbe und den Duft der Rose bestreiten?"²

Es mischte sich etwas wie Mitleid³ in den überlegenen⁴ Ton,
mit dem er sagte: „Daß⁵ Farbe und Duft Eigenschaften der
Rose sind, bestreite ich allerdings."

„Du willst doch nicht sagen," fragte sie verwundert, „daß die
Rose nicht roth ist, oder daß sie nicht duftet?"

„Daß Dir dies so vorkommt,⁶ gebe ich zu,⁷ nicht aber, daß dies
wirklich so ist. Die rothe Farbe⁸ der Rose ist eine in ihrer
letzten Ursache noch unbekannte Wirkung auf unser Auge, nicht
aber eine Eigenschaft der Rose an sich. Die Rose selbst ist so
wenig roth, als der Himmel blau oder der Baum grün ist. Wie
alle, die ohne philosophisches Bewußtsein⁹ dahinleben, vermagst
auch Du nicht, zwischen den Dingen¹⁰ an sich und ihrer Erschei=
nung zu unterscheiden."

„Und wenn¹¹ es uns wirklich immer gelänge," sagte sie

nachdenklich, „die Dinge des holden Scheins der Wirklichkeit, den
sie für unsere Sinne haben, zu entkleiden, würde diese Erkennt=
niß uns glücklich machen?"

„Glück ist nicht das Ziel¹ der Wissenschaft," entgegnete er
streng. „Die Wahrheit ist um ihrer selbst willen da;² ob sie
beglückt oder nicht, darnach³ fragt sie nicht."

„Und auch darnach nicht, ob das Menschenherz in ihrem
kalten Hauche⁴ zu leben vermag oder darunter zu Eis erstarrt,"⁵
setzte sie leise hinzu.

Er wandte sich achselzuckend von ihr ab. Sie sah ihm traurig
nach, als er sich bald darauf entfernte. Was war es, das sich
in der letzten Zeit⁶ so oft zwischen sie und den Geliebten stellte
und ihre Herzen zu keinem beglückenden Einklange⁷ mehr
kommen ließ? —

Früh verwaist⁸ war Herbert Hagen⁹ schon als Knabe dem
Universitätsprofessor Füger, dem Vater des jungen Mädchens,
mit dem wir ihn eben im Gespräche sahen, zur Erziehung über=
geben worden. Der gutmüthige Gelehrte und dessen sanfte
Gattin hatten dem elternlosen¹⁰ Knaben dieselbe Liebe entgegen=
gebracht, mit der sie die eigenen Kinder umfingen.

In fröhlicher Gemeinschaftlichkeit¹¹ war er mit diesen aufge=
wachsen, und wenn seine früh hervortretende Neigung¹² zum
Herrschen und Befehlen ihn nicht selten in Konflikt mit den
gleichaltrigen³ Knaben des Hauses brachte, so fand er dafür
eine um so ergebenere Verbündete in dem¹⁴ ältesten Mädchen,
der blonden sanften Anna, die Alles, was er that, rückhaltslos¹⁵
bewunderte und sich seinen oft sehr kategorischen Wünschen auf

das willigste unterordnete.[1] Die völlige Gleichberechtigung,[2] welche er mit den übrigen Kindern genoß, hatte ihn Anna stets als Schwester betrachten lassen, als er aber nach mehrjähriger Abwesenheit an einer auswärtigen Universität in das Haus seiner Pflegeeltern[3] zurückkehrte und Anna ihm zur[4] holdesten Jungfräulichkeit erblüht entgegentrat, da ward er sich plötzlich bewußt, daß das Gefühl, das ihn zu der Jugendgespielin[5] zog, mehr als die Neigung eines Bruders für die Schwester war. Mit der rücksichtslosen[6] Entschiedenheit, die sein ganzes Wesen charakterisirte, setzte er sich in den Besitz ihres Herzens, als habe er von jeher[7] ein Recht darauf besessen, und Anna war viel zu[8] weich und hingebend, um in der Sicherheit, mit der er ihr Herz als sein Eigenthum an sich riß, etwas anderes als Glück zu empfinden.

Die ihrer Verlobung[9] folgenden Jahre waren dem jungen Paare in ungetrübter Harmonie vergangen. Ihre Naturen ergänzten sich auf das glücklichste. Für Herbert, bei[10] dem die Verstandesseite mit den Jahren immer schärfer hervortrat, bot Annas sanfter[11] Sinn, ihre warme Innerlichkeit und Gefühls= tiefe das richtige Gleichgewicht. Wie sie sich mit stillem Ent= zücken bewußt war, für das Glück des Geliebten unentbehrlich[12] zu sein, so fühlte auch Herbert im tiefsten Innern, daß kein anderes Wesen je in solchem Maße Seele von seiner Seele und Leben von seinem Leben werden konnte, als ihr[13] dies gelungen war. Ungeduldig strebte er darnach, sie bald ganz[14] die Seine nennen zu dürfen.

Er hatte seine Prüfungen[15] mit Auszeichnung bestanden,

feine Arbeiten[1] über einzelne Fragen der Naturwiſſenſchaften, die er zu ſeinem Studium[2] gemacht, hatten ſeinem Namen in Fachkreiſen[3] einen guten Klang gegeben, ſein väterliches[4] Vermögen erlaubte ihm, als Privatdozent[5] ſeine Berufung[6] an eine Univerſität, die nur eine Frage der Zeit ſein konnte, abzuwarten. Mit dem Sommerſemeſter[7] wollte er ſeine Vorleſungen beginnen und zu gleicher Zeit Anna als ſeine Gattin heimführen.[8]

Je[9] ungeduldiger er dieſem Ziele zugeſtrebt hatte, um ſo mehr mußte[10] die Veränderung auffallen, die in der letzten Zeit mit ihm vorgegangen[11] war.

Eine Mißſtimmung, eine Unzufriedenheit, gegen die er vergeblich ankämpfte, und die ſich bald gegen ihn ſelbſt, bald gegen ſeine Umgebung[12] wandte, war über ihn gekommen, und ließ ihn das Gleichgewicht ſeiner Seele nicht wiederfinden. Ein äußerer Umſtand[13] hatte den erſten Anlaß[14] zu dieſem innern Zwieſpalt gegeben. Einer ſeiner vertrauteſten Freunde, der ſich wie er ſelbſt dem Studium der Naturwiſſenſchaften gewidmet, hatte eine Aufforderung[15] der Regierung bekommen, ſich einer Expedition, die zum Zwecke wiſſenſchaftlicher Forſchungen in Oſtaſien eben jetzt ausgerüſtet[16] wurde, anzuſchließen. Mit Begeiſterung hatte er dieſe Aufforderung angenommen. Er machte Herbert zum Theilnehmer[17] aller Ausſichten und Hoffnungen, welche dieſer Ruf ihm eröffnete, ließ ſich von ihm bei allen Einzelheiten ſeiner Reiſezurüſtungen[18] rathen und helfen, ohne in ſeinem Eifer zu bemerken, welch'[19] ſcharfen Stachel er damit in die Seele ſeines Freundes drückte.

Sein frühes Verlöbniß[1] hatte Herbert naturgemäß[2] von allen weit in die Zukunft hinausgreifenden Plänen zurückgehalten; jetzt plötzlich kam der Drang[3] in die Ferne mit einer Gewalt über ihn, die ihn selbst erschreckte. Alles, was das Leben in der Heimat, was Annas Liebe ihm bieten konnte, verschwand[4] in Nichts vor dem glühenden[5] Verlangen seiner Seele, frei und ungehindert seiner Wissenschaft leben, in fernen Ländern Ruhm und Auszeichnung gewinnen zu können.

Er sagte sich selbst, daß die Fesseln, die ihn an die Heimat banden, nicht mehr zu lösen waren, aber dies Bewußtsein erfüllte ihn mit Bitterkeit und ließ[6] ihn geringschätzig auf Alles blicken, was er bisher als Glück betrachtet hatte. Die Verhältnisse seiner Vaterstadt erschienen ihm kleinlich[7] und beschränkt, die Aussicht[8] auf das gleichmäßig ruhige Wirken in seinem Berufe widerte ihn an, selbst das sanfte innige Wesen der Geliebten befriedigte ihn nicht mehr. Er sah, wie sehr sie unter seinem veränderten Wesen litt und doch[9] konnte er es nicht lassen, ihr zärtliches Gemüth immer von neuem zu verwunden, indem er die scharfe Sonde des Verstandes an jedes ihrer warmen Gefühle legte und seine zersetzenden Zweifel an Alles wagte, das ihrem Herzen theuer und heilig war.

So war der Weihnachtsabend herangekommen. Wie alljährlich, war derselbe auch diesmal in dem kinderreichen[10] Hause des Professors unter[11] lauter Fröhlichkeit begangen worden. Anna allein hatte sich seiner[12] nicht wie sonst freuen können. Sie hatte allerlei kleine Ueberraschungen für den Geliebten bereitet gehabt, und er selber hatte sie reich, für ihren anspruchslosen Sinn fast zu reich beschenkt, aber der Druck, der in den letzten Tagen auf ihr gelegen, wollte nicht weichen. Jetzt war die Bescheerung[1] vorüber. Während die Geschwister mit ihren Geschenken beschäftigt waren, und die Mutter den Abendtisch rüstete, saßen Herbert und Annas Vater vor dem Kamine, eifrig in die Besprechung[2] eines Schopenhauer'schen[3] Werkes vertieft. Der Professor in seiner milden Denkungsweise[4] bemühte sich, den pessimistischen[5] Anschauungen des Verfassers die schärfste Spitze abzusprechen und das, was persönliche Verbitterung und einseitige Auffassung der Lebensverhältnisse hinzugethan, von dem Kerne des Werkes loszuschälen, Herbert dagegen gefiel sich darin, die weltverachtenden Ansichten des Frankfurter Philosophen nicht allein bis in ihre letzten Konsequenzen zu vertheidigen, sondern, wo immer die Gelegenheit sich bot, noch zu überbieten und zuzuspitzen.

Eine Weile hatte Anna dem Gespräche zugehört, dann ertrug sie es nicht länger, den Geliebten in dieser Weise sprechen zu hören, leise stand sie auf und, ein Buch von dem Weihnachtstische der jüngern Schwester nehmend, setzte sie sich auf ihr Lieblingsplätzchen in der Fensternische. Es waren Andersens[6] Märchen, die sie genommen hatte. Mechanisch öffnete sie das Buch und ließ ihren Blick achtlos[7] über die Zeilen gleiten, bald aber fühlte sie ihr Interesse lebhaft angezogen.[8] Es war das Märchen von der „Schneekönigin," das sie aufgeschlagen hatte.

Durch den Schleier ihrer aufsteigenden Thränen hindurch las sie von dem Knaben und dem kleinen Mädchen, die, miteinander[9] aufgewachsen, glückselig zusammen unter den blühenden

Rofen ihrer Dachkammer faßen und den alten Kindervers:
„Rosen blühn und vergehn, wir werden das Chriftkind sehn,"[1]
so andächtig[2] froh in Gottes klaren Sonnenschein hinaussangen,
als ob das Chriftkindlein bei ihnen wäre.

Tief über das Buch geneigt, las sie weiter, wie dies Glük
plötzlich ein Ende nahm, als dem Knaben eines Tages ein
Glassplitter[3] in das Auge und von dort in das Herz kam von
dem gebrochenen Spiegel des Verstandes, der alles Große und
Gute, was sich darin abspiegelt, klein und häßlich macht, alles
Böse und Schlechte aber um so deutlicher dafür hervortreten
läßt, und wie dem Knaben plötzlich die Gespielin, die er so
zärtlich geliebt, und die Rosen, die ihm so schön gedünkt,[4]
nicht mehr gefielen und er von ihnen fort in die weite Welt
hinaus lief.

Und sie las weiter, wie die kleine Greta[5] vergeblich die ganze
Erde nach dem Spielgefährten durchsuchte, bis sie ihn endlich
in dem glänzenden kalten Reiche der Schneekönigin fand, wo
er sich mit erstarrtem[6] Herzen und erstarrten Händen abmühte,
aus Eissplittern das Wort „Ewigkeit" zusammenzusetzen, und
wie ihm dies doch erst gelang, als die heißen Thränen der
kleinen Greta den Splitter aus seinem Auge geschwemmt[7] und
sein starres Herz aufgethaut[8] hatten.

Sie ließ das Buch in ihren Schooß sinken; das Haupt in die
Hand gestützt, strömte Thräne um Thräne über ihre Wangen.
Plötzlich fuhr sie erschrocken zusammen, Herbert stand vor ihr.
„Du weinst?" fragte er verwundert, „was hast Du denn so
Herzbewegliches[9] gelesen?"

„Es ist nur ein Kindermärchen," sagte sie verwirrt.

„Ein Kindermärchen?" Er griff nach dem Buche in ihrem
Schooße.

„Du liebst ja Märchen nicht," sagte sie, bemüht, ihm das
Buch zu entziehen.

„Im Allgemeinen allerdings nicht. Dies aber möchte ich
doch lesen."

Sie sah schüchtern zu ihm auf, während er neben ihr lehnend,
mit leicht¹ zusammengezogenen Brauen die Seiten überflog.
„Das ist ja in der That außerordentlich rührend," sagte er
mit etwas erzwungen² klingender Gleichgiltigkeit, nachdem
er geendet.

„Der böse Knabe, den der Glassplitter im Auge das Gute
in seiner Nähe nicht mehr erkennen läßt, bin natürlich ich, und
das verkannte³ kleine Mädchen bist Du, das versteht sich.⁴ Nur
scheinst Du es für bequemer zu finden, den Versuch, mit Deinen
Thränen mein hartes Herz aufzuthauen, gleich hier in der
Heimat zu machen, ehe Du noch genöthigt bist, um meinet=
willen bis an das Ende der Welt zu laufen."

Sie hob die Augen mit einem solchen Ausdruck von Schmerz
und Liebe zu ihm auf, daß er beschämt den Blick vor ihr senkte.
„Nein, Anna," flüsterte er, ihre Hand an seine Lippen ziehend,
„ich wollte Dich nicht kränken. Ich weiß wohl, daß auch Dir
kein Opfer für Deine Liebe zu groß oder schwer erscheinen
würde." — — —

Früher als sonst am heiligen Abend brach⁵ er auf.

Unruhig rangen die Gedanken in ihm, während er sich den

Weg zu seiner Wohnung durch den Wintersturm hindurch er=
kämpfte. Ja, sie war gut, sie war hold, er wußte kein anderes
Wesen, das er ihr an die Seite[1] hätte stellen können, und doch!
wie kam es, daß selbst ihre Liebe eine Leere[2] in seinem Herzen
ließ? „Sie versteht Dich nicht zu würdigen," rief es in ihm,
„sie ist von Vorurtheilen befangen,[3] unselbständig in ihrem
Denken!" „Es ist nicht wahr," widersprach er sich selbst. „Es
giebt keinen Gedankenflug,[4] dem sie nicht zu folgen, kein Streben,
das sie nicht zu theilen vermöchte." — „Aber sie besitzt[5] den
kleinlichen Geist, der sich in der Beschränkung gefällt und sein
Glück in der pedantischen Erfüllung alltäglicher Pflichten
findet!" Und konnte ein so enggebundenes, dürftiges Loos je
Reiz für ihn haben? — Sein Beruf blieb ihm. Freilich! Was
aber konnte sein Beruf ihm sein, wenn die Sorge für seine
wachsende Familie ihn vielleicht nöthigte, seine Vorlesungen
ängstlich darnach zu berechnen, daß möglichst viele Hörer sich
dafür fänden? —

Er riß seinen Rock auf und ließ den kalten Nachtwind seine
erhitzte Brust kühlen.

Warum hatte er sich gebunden, warum mit eigener Hand
Freiheit und Ferne vor sich verschlossen![6]

An Leib[7] und Seele erschöpft erreichte er seine Wohnung.
Von dem Tische neben seinem Bette blickte ihm ein großer,
amtlich[8] gesiegelter Brief entgegen. Ueberrascht griff er
darnach.

Was konnte der Brief ihm bringen! Eine Weile hielt
er ihn zögernd in der Hand, dann brach er ihn in raschem

Entschlusse auf. Es flimmerte[1] ihm vor den Augen, als er den kurzen Inhalt durchflog. Hatte das Schicksal sein Murren gehört und das Glück noch einmal in seine Hand gegeben?

Der Brief kam von der Regierung. Der Freund, dessen[2] bevorstehende Betheiligung an der ostasiatischen Expedition seine Seele in solche Unruhe versetzt, und der sich bereits in die Hafenstadt begeben hatte, von der aus die Expedition sich ein= schiffen sollte,[3] hatte, durch Familienverhältnisse gezwungen, im letzten Augenblicke zurücktreten[4] müssen. Er hatte seinen Freund als Stellvertreter vorgeschlagen.[5] Der Brief enthielt die Aufforderung[6] der Regierung, sich der Expedition anzu= schließen. Es wurden ihm die günstigsten Bedingungen für die Zeit derselben zugesichert und nach ihrer Beendigung weitere vortheilhafte Verwendung[7] im Dienste der Regierung in Aus= sicht gestellt. Er hatte keinerlei Vorbereitungen zu treffen, da er die Ausrüstung des Freundes übernehmen konnte. Die einzige[8] als unerläßlich hingestellte Bedingung war unverzüg= liche Abreise, womöglich[9] noch in der Stunde des Empfanges des Briefes, da die Expedition einzig und allein auf sein Ein= treffen[10] wartete, um aufzubrechen.

Wie betäubt ließ er den Brief sinken.

Was er gewünscht, ersehnt, die Möglichkeit die Ferne zu sehen, ihre Wunder zu erforschen, Ruhm und Auszeichnung zu gewinnen, das Alles lag plötzlich und ohne[11] sein Zuthun im Bereiche seiner Hand. Zwischen ihm und dem Glücke stand nichts, nichts als das Versprechen, das er einem Mädchen gegeben, zu einer Zeit, da er sich selbst und die Bedürfnisse[12] seiner Natur noch nicht kannte. In heißem Kampfe mit sich selbst schritt er in dem kleinen Zimmer auf und ab.

Sie liebte ihn, sie vertraute ihm, aber konnte sie das Opfer seiner ganzen Zukunft fordern um ihres Glückes willen? Und konnte sie glücklich sein, wenn er unglücklich war, und daß er dies werden würde, von dieser Stunde an, unrettbar[1] und unfehlbar, das fühlte er tief in seinem Innern. Er warf sich auf sein Lager,[2] aber die in ihm stürmenden Gedanken ließen ihn keine Ruhe finden. Als die Dämmerung des Christtages durch die Fenster brach, fand sie ihn noch immer im Kampfe mit sich selbst. „Sie soll entscheiden,“ flüsterte er endlich, die schweren Augen zu kurzem Schlummer schließend. — — —

Sie warf nur einen Blick in sein bleiches Antlitz, als er am nächsten Morgen vor sie trat, um mit dem Scharfblicke[3] der Liebe zu erkennen, daß[4] dieser Gefahr drohe.

„Was ist geschehen?“ rief sie, die Hände angstvoll über der Brust zusammenpressend.

„Du sollst entscheiden,“ sagte er, seine Stimme gewaltsam zur Ruhe zwingend, indem er ihr das Schreiben der Regierung hinhielt.

Bis in die Lippen erblaßt, unfähig zu sprechen, stand sie vor ihm, als sie es durchlesen hatte. „Ich soll entscheiden,“ rang es sich endlich von ihren Lippen, „und Du hast doch schon entschieden. Oder kannst Du leugnen, daß Du entschlossen bist zu gehn?“

Er wich[5] ihrem angstvollen Blicke aus. „Wenn Du auf der Erfüllung meines Versprechens bestehst,[6] so bleibe ich,“ sagte er dumpf.

Sie schlug die Hände vor das Antlitz. „Was nützt mir Dein Versprechen, wenn Du mich nicht mehr liebst!"

„Ich liebe Dich, so wie ich Dich je geliebt habe," entgegnete er heftig.

„Und Du willst von mir gehen!" Der schneidende Schmerz, der aus ihren Worten sprach, erschütterte seine Seele.

„Nein, Anna, nein, ich bleibe, wenn Du es willst."

„Und bei jeder Falte[1] auf Deiner Stirn müßte ich denken, jetzt bereut er, daß er dich geheirathet hat, bei jedem unfreundlichen Worte müßte ich glauben, jetzt sehnt er sich fort von dir. Du bist ihm eine Last!" —

Er fühlte das Herz in seiner Brust zittern. Nie war sie ihm begehrenswerther[2] erschienen als in diesem Augenblick, da die Leidenschaft[3] ihr sonst so sanftes Wesen durchbrach. Er fühlte, im nächsten Augenblicke mußte er überwunden vor ihr niedersinken, aber eben dies Bewußtsein machte ihn hart.

„Ich würde nicht für immer gehn," sagte er, sich abwendend. „Was sind ein paar Jahre, was sind fünf oder zehn Jahre für uns, die wir noch so jung sind!"

„Fünf oder zehn Jahre!" wiederholte sie tonlos.

„Ich würde mich immer für gebunden halten," fuhr er haftig fort, „Du aber bliebest[4] völlig frei. Wenn ein Anderer käme, dem Du Deine Liebe und Treue schenken wolltest" —

„Sprich nicht von Liebe und Treue, die Du nicht kennst und an die Du nicht glaubst," unterbrach sie ihn bitter. Dann richtete sie sich stolz auf. „Ich halte Dich nicht, Du bist frei!" Sie sah, wie er bei ihren Worten zusammenzuckte.

„Und Deine Eltern?" fragte er nach einer Weile zögernd.

Hatte sie doch eine andere Antwort auf ihre Worte erwartet? Sie griff schwankend[1] nach dem Sessel neben ihr, aber sie bezwang ihre Schwäche. „Meine Eltern werden denken wie ich. Du kannst es mir überlassen, mit ihnen zu sprechen."

„Anna," rief er außer[2] sich, „wie soll ich Dir je für Deine Großmuth danken! Aber," er stockte einen Augenblick, „weißt Du auch, was Du auf Dich nimmst? Wenn ich gehe, muß ich heute, noch in dieser Stunde gehen."

„In dieser Stunde," stammelte sie, aber sie faßte sich sogleich wieder. „Es ist besser so," sagte sie fest. „Gehe mit Gott und mögest Du das Glück finden, das Du suchest."

Er stürzte auf sie zu und zog sie leidenschaftlich in seine Arme. Einen Augenblick lehnte sie vergehend[3] an seiner Brust. „Vergiß mich nicht ganz," schluchzte sie. Dann aber riß sie sich los. Sie fühlte, daß ihre Kraft sie verließ, und er sollte nicht sehen, was das Opfer, das er forderte, sie kostete.

Die Stimme versagte[4] ihr. Sie winkte[5] mit der Hand, daß er sie verlassen solle. Noch einmal drückte er sie ungestüm an sich, dann stürzte er, ohne umzusehen, hinaus und die Thür schloß sich zwischen ihnen. — —

⁎ ⸝ ⁎

Jahre waren vergangen. Die Aufgaben[6] der Expedition, der Herbert sich angeschlossen hatte, waren längst[7] erfüllt. Ihre Theilnehmer waren in die Heimat zurückgekehrt, dort die Fülle[8] ihrer Beobachtungen und Erfahrungen zu verwerthen.

Herbert hatte sich ihnen[1] nicht angeschlossen. Ihn hielt das alte Wunderland Indien noch in seinem Banne. Seine hervorragenden Leistungen waren an maßgebender[2] Stelle nicht unbeachtet geblieben. Er hatte von der Regierung den Auftrag[3] bekommen, einen noch wenig bekannten Länderstrich Hinterindiens nach seiner physischen und geographischen Beschaffenheit zu erforschen. Er sollte Sammlungen aus allen drei Reichen[4] der Natur anlegen, meteorologische Beobachtungen anstellen, die Kulturfähigkeit[5] der verschiedenen Gegenden und ihre Bedeutung für die Anknüpfung von Handelsbeziehungen feststellen.

Die Wichtigkeit des Zieles ließ[6] die Regierung ungewöhnliche[7] Mittel an die Erreichung desselben setzen. Mit einem halben hundert Eingeborner, die ihn als Diener, Lastträger[8] und Führer begleiteten, auf das reichste mit Lebensmitteln, physikalischen Instrumenten, chemischen Präparaten, Waffen und Medikamenten[9] ausgerüstet, war er ausgezogen.

Seit Wochen weilte er jetzt mitten im Herzen des Urwaldes.[10] An jedem Punkte, der seinem Forschungseifer[11] Ausbeute versprach, wurden die Zelte aufgeschlagen, die Eingebornen nach allen Seiten ausgeschickt, um seltene Insekten und Amphibien, Pflanzen und Gesteine einzusammeln, die Herbert dann wissenschaftlich zu bestimmen und für die Aufbewahrung zuzubereiten hatte.

Die Freude an den täglich sich mehrenden Sammlungen ließ ihn die Rückkehr immer[12] von neuem verschieben,[13] bis die bedenklich[14] zusammengeschmolzenen Vorräte das Aufsuchen bewohnter Gegenden endlich zur dringenden Nothwendigkeit machten. In dem Bemühen, möglichst schnell und ohne Um=weg[1] vorwärts zu kommen, hatten die Führer den Weg verloren. Auf von Elephanten ausgetretenen[2] Pfaden, über reißende Bäche hinweg, bald durch jäh[3] aufsteigende Felswände gehemmt, bald durch Rattandickichte,[4] durch die man mit dem Dolch sich Bahn hauen mußte, setzten sie ihren Weg mit schwindenden Kräften und schwindenden Vorräthen fort.

Ein Theil der Leute erkrankte. Herbert ließ sie zurück, die geringen Vorräthe getreulich mit ihnen theilend. Von neuem drang er mit seinen Begleitern vorwärts. Der wenige Reis ging zu Ende. Eßbare Eidechsen und Schlangen, einige Vögel waren Alles, das sich bot, ihren nagenden Hunger zu stillen.

An einem Flusse beschlossen sie, sich seinem Laufe anzuver=trauen. Flöße wurden in geschäftiger Eile gebaut, aber mäch=tige, halb unter dem Wasserspiegel verborgene Baumstämme[5] gefährdeten[6] ihre Fahrt und nöthigten sie, bald wieder an's Land zu gehen. Von neuem erkrankte ein Theil der Leute und mußte theils zurückgelassen, theils mühsam von den übrigen auf Tragbahren[7] weiter geschleppt werden.

Schon wollen die Eingebornen die Hoffnung verlieren,[8] da entdecken die Führer alte Wegzeichen[9] an den Bäumen. Mit neuem Muthe geht es vorwärts, die Merkmale[10] menschlicher Ansiedlungen mehren sich. Sie treten aus dem Urwalde auf die Lichtung hinaus, und vor ihnen liegt — eine alte, verlassene Ansiedlung, von der die üppig[11] wuchernde Vegetation längst wieder Besitz ergriffen hat.　Dicht[1] überwachsene Pfade führen nach allen Seiten.

Einer derselben wird verfolgt, aber er theilt[2] sich, die Spur verschwindet.　Eine neue Richtung wird eingeschlagen.　Die Leute klagen nicht, nur tragen können und wollen sie nicht mehr. Bei jeder beschwerlichen[3] Stelle des Weges lassen sie ihre Last fallen, ohne sie beim Weitergehen wieder aufzuheben.　Auch der Träger des Geldkastens[4] strauchelt.　Der Kasten fällt zu Boden und zerspringt.　Nothdürftig[5] mit Rattanruthen zusammengebunden, bleibt er im Walde als werthlos liegen.

In äußerster Erschöpfung wird des Abends Halt gemacht. Vom Hunger gepeinigt, läßt ein Theil der Leute sich verleiten, ihnen unbekannte Beeren und Blätter zu verzehren;[6] sie erkranken.　Nur drei sind am nächsten Morgen imstande,[7] mit Herbert den Weg fortzusetzen.　Neue Wegspuren zeigen sich. Um sie nicht zu verfehlen, werden große Bündel trocknen Laubes angezündet und vorausgetragen.　Aber der Tag vergeht, ohne daß das Ende des Urwaldes sich zeigt.　Seine Begleiter erklären, nicht weiter zu können.[8]　Einer nach dem andern sinkt entkräftet zur Erde.

Auch Herbert, der bisher mit eiserner[9] Willenskraft den furchtbaren Strapazen Trotz geboten, fühlt seine Kräfte schwinden.　Er sinkt auf eine Baumwurzel nieder und lehnt sein fieberglühendes Haupt an den Stamm einer Palme.　Das also ist das Ende!　Mitten im Urwald, fern von menschlicher Hilfe und menschlicher Theilnahme schließt seine Laufbahn.[10] Was er erstrebt, gedacht, erfahren, das geht mit ihm zu Grunde[11] wie die Kisten mit seinen Schriften und Sammlungen, welche die Träger in das Dickicht warfen.

Mit zitternder Hand zieht er den Kalender aus seiner Tasche. Die letzten Tage haben ihn den Gang der Zeit ver= gessen lassen. Er will wissen, welcher Tag es ist, der ihm zum Sterbetage wird. Er rechnet nach. Seit elf Tagen ziehen sie in der Irre¹ umher. Es ist der vierundzwanzigste Dezember heute, der Weihnachtsabend! Sein Haupt sinkt kraftlos wieder zurück.

War es nicht ein Weihnachtsabend, an dem er den Entschluß faßte, die Heimat zu verlassen?

Vor seinen Augen flirrt und flimmert es. Ist das nicht Schnee, was da so glänzend auf den Blättern vor ihm liegt?

Er ist nicht mehr im Urwald, er ist in den Straßen seiner Vaterstadt. Wie der Schnee in der Wintersonne funkelt, und wie die Leute drängen² in den Straßen! Und die holde Gestalt, die dort so leicht vor ihm hinschreitet, kennt er sie nicht? Jetzt wendet sie sich um. Da ist es ja, das liebe Antlitz, mit den sanften treuen Augen, um³ das die hellblonden Haare sich wie ein lichter Glorienschein schmiegen. Ob sie wohl an ihn denkt?! „Rosen blühn und vergehn, wir werden das Christkind sehn," flüstert sie. Aber warum weint sie dabei?

Ein Fieberschauer⁴ schüttelt ihn. Wie kalt es ist! Aber er weiß ja, er ist bei der Eiskönigin. Er sieht sich selbst, wie er mit zitternden Händen die Eisstücke zusammensucht, aus denen er das Wort „Ewigkeit" zusammensetzen soll. Ewigkeit! Was ist Ewigkeit?⁵ Er wird das Wort nie zusammenfinden.

Mühsam hebt er den matten [1] Blick nach oben. Die Zweige über ihm wölben [2] sich zum Dome, wie riesige Pfeiler ragen die schlanken Schäfte der Palmen hervor. Ist das nicht die heimatliche Kirche, in der die Gemeinde zur Weihnachtsfeier sich versammelt? Horch, jetzt singen sie. Langgezogen, [3] jetzt leise verhallend, jetzt mächtig anschwellend, jubelnd und froh= lockend, schweben die Töne daher.

Das sind die Weihnachtslieder, die er als Kind voll froher [4] Andacht gesungen. Jetzt aber mischt ein fremder Klang sich hinein, so weich, so sehnsuchtsvoll, [5] wie sein Ohr ihn nie ver= nommen.

Ist das die Ewigkeit, die ihre Klänge herüberschickt, ihn zu begrüßen?

Die Sonne ist untergegangen. Der Abendwind fährt [6] über seine Stirn und weckt ihn für einen Augenblick aus seinen Fieberphantasien.

Er richtet den schmerzenden [7] Kopf in die Höhe. Hat er die Töne nur im Traume vernommen? Doch horch, da sind sie wieder. Feierlich [8] getragen ziehen sie mit der Nachtluft daher. Er rafft [9] sich auf. Fast bewußtlos schleppt er sich den Tönen nach. [10] Jetzt schwellen sie an, jetzt hören sie auf, doch nein, da heben [11] sie von neuem an.

Plötzlich tritt er aus dem Walde, hart an dessen Rande er, ohne es zu wissen, zusammengebrochen ist, eine weite Lichtung liegt vor ihm, und auf ihr, — Gott im Himmel, darf er seinen Blicken trauen? Sind das nicht Hütten, menschliche Woh= nungen, die vor ihm liegen! Aus dem größeren Gebäude, dessen

Fenster in hellem Lichterschein glänzen, bringen[1] die Klang-
wellen hervor.

Schwankend,[2] taumelnd nähert er sich ihm. Er öffnet die
nur angelehnte[3] Thür. Ein festlich mit grünen Zweigen
geschmückter Raum, ein Greis[4] mit silberglänzendem, ehr-
würdig herabfallendem Haupthaar, um ihn herum, auf Matten
kauernd, dunkle, in festliche Gewänder gehüllte Gestalten, aus
deren Mitte die feierlichen Klänge ertönen, er faßt es alles mit
einem Blicke, er ist in dem Hause einer englischen Mission, wie
er sie hie und da im Urwald getroffen; sie feiern das Weihnachtsfest und singen Weihnachtslieder.

Vor seinen Augen beginnt es zu kreisen.[5] Er will rufen,
vorwärts gehn! Die Stimme versagt ihm, taumelnd greift er
um sich und stürzt ohnmächtig auf der Schwelle des Missions-
hauses nieder.

———————————————————————

Wie Herbert, so war es[6] auch seinen Begleitern, die am
längsten bei ihm ausgehalten hatten, gelungen, sich noch einmal
aufzuraffen[7] und mit dem Aufgebote[8] ihrer letzten Kräfte die
Missions-Ansiedlung zu erreichen. Nach ihrer Anweisung
brachen noch in derselben Nacht der Gegend kundige[9] Männer
mit Fackeln und Tragbahren auf, um die schon früher im Walde
zurückgelassenen Kranken aufzusuchen. Wirklich gelang es, sie
aufzufinden, und, wenn auch erschöpft so doch noch lebend, zur
Mission zu bringen.

Auch das Gepäck, welches die Träger in ihrer Ermüdung von
sich geworfen hatten, wurde Stück für Stück aufgefunden, selbst

die Geldkiste fand sich unversehrt[1] vor, so leicht[2] der verführe=
risch aus der zerbrochenen Umhüllung schimmernde Inhalt einen
der Leute hätte in Versuchung führen können, sich daran zu
vergreifen. —

Während aber alle an dem Zuge Betheiligten[3] längst unter
der ihnen gewidmeten liebevollen Pflege genesen waren, war
Herbert selbst noch immer nicht wieder zum Bewußtsein zurück=
gekehrt.

Je[4] länger seine Willenskraft[5] den erlittenen Strapazen
und Entbehrungen Widerstand geleistet hatte, desto gewaltsamer
machte das Fieber jetzt seine Herrschaft über den erschöpften
Körper geltend.

Wochen hindurch lag er bald in wilden Phantasien, bald in
dumpfer[6] Betäubung da, und noch länger dauerte es, bis seine
kräftige Natur[7] die tödtliche Schwäche, welche die Krankheit
zurückgelassen, überwand und seine geschwundene Lebenskraft[8]
allmählich wieder zurückkehrte.

Die Unthätigkeit, zu welcher er durch so lange Zeit hindurch
verurtheilt war, zugleich mit dem ihm bis[9] dahin ganz fremden
Gefühl körperlicher und geistiger Schwäche hatte eine große
Veränderung in ihm hervorgebracht.

Wie ein Kind freute er sich der unbedeutendsten Dinge und
folgte voll Interesse auch den kleinsten Vorgängen der fremden,
seltsamen Umgebung, in die der Zufall ihn versetzt hatte.

Die opferwillige[10] Freundlichkeit, welche diese einfachen
Menschen, die sich hier tief im Urwalde zu einer christlichen
Gemeinde zusammengefunden, ihm, dem gänzlich[11] Fremden,

entgegenbrachten, that seiner matten[1] Seele wohl. Voll
Theilnahme beobachtete er ihre einfachen Lebensgewohnheiten
und den[2] demüthigen, sanften Sinn, welcher sich der Aufnahme
der christlichen Lehre als besonders empfänglicher Boden er=
wiesen hatte.

[3] Wenn er sah, mit welch' aufrichtiger Frömmigkeit sie alle
Forderungen ihrer Religion erfüllten, wie geduldig sie in
Entbehrung und Trübsal waren, wie liebevoll und anspruchslos
sie sich[3] untereinander durch allerlei Handreichung zu dienen
suchten, wie sanftmüthig[4] sie den Schwachen und Verirrten
zurechthalfen, dann fühlte er sich unwillkürlich in die Zeiten der
ersten christlichen Gemeinden versetzt,[5] von denen die Apostel=
geschichte[6] berichtet, und er mußte sich sagen, daß die christliche
Lehre in ihrer ursprünglichen Reinheit, frei von allen späteren
Hinzusetzungen[7] und Entstellungen etwas über alles menschliche
Verstehen hinaus Herrliches und Gewaltiges sei, dem keine
andere Religion sich auch[8] nur annäherungsweise an die Seite
stellen könne.

Fühlte[9] er sich aber schon zu den armen Eingebornen in herz=
licher Theilnahme hingezogen, so war dies in noch weit höherem
Grade dem greisen Missionär gegenüber der Fall, welcher der
kleinen Gemeinde vorstand.

Mit dem Mißtrauen, das ihm seit Jahren zur zweiten Natur
geworden war, hatte er anfänglich[10] nach den äußeren[11] Beweg=
gründen geforscht, die dem selbstverleugnenden Wirken dieser
Missionäre zu Grunde liegen konnten, welche, der Mehrzahl
nach,[12] angesehenen englischen Familien angehörend, freiwillig

allen Bequemlichkeiten und Annehmlichkeiten ihrer Heimat und des civilisirten Lebens entsagt hatten, um hier im Urwald ein Häuschen[1] Eingeborner zu bekehren.

Wie eifrig er aber auch forschte, er konnte keine Vortheile entdecken, die[2] den Opfern, die sie brachten, nur einigermaßen die Wage gehalten hätten. Die meisten der Missionäre erlagen vorzeitig dem für den Europäer verderblichen Klima, die übrigen wurden mit ihren Gemeinden alt und starben in ihnen; die wenigen, welche in ihren alten Tagen in ihre Heimat zurück= kehrten, fanden dort keinerlei[3] äußere Auszeichnung ihrer warten.

Herbert mußte sich gestehen, daß die Kraft, welche sie be= fähigte,[4] dies ‚entsagungsreiche‘[5] Leben zu führen, ihre Wurzel einzig und allein in der Liebe zu ihren Mitmenschen habe.

Zum ersten Male trat ihm die Liebe, die[6] nicht das Ihre sucht, entgegen und diese Erkenntniß erschütterte[7] ihn tief. Wie einen erquickenden[8] Windhauch ließ er sie durch[9] seine Seele ziehen und die Miasmen der Eigenliebe, der Selbstsucht und Selbstüberhebung[10] daraus hinwegnehmen.

Er fühlte, daß der Aufenthalt in dieser friedevollen Um= gebung ihm leiblich und geistig wohl that, und er zögerte, daraus zu scheiden, auch als seine wiedergewonnenen[11] Kräfte ihm dies erlaubt hätten.

Die Expedition durch den Urwald, welche beinahe[12] einen so verhängnißvollen Ausgang genommen, hatte den Abschluß seiner Forschungen bilden sollen.[13] Er entschloß sich nun, die Ordnung seiner Sammlungen, die Ausarbeitung[14] seiner

Tagebücher und der Berichte[1] für die Regierung, statt in Calcutta,[2] wie er erst beabsichtigt, schon hier in der Stille der Mission vorzunehmen.

Voll Eifer begann er seine Arbeiten.

Während er sich aber wie sonst seiner wissenschaftlichen Errungenschaften[3] freute und die Befriedigung empfand, welche[4] jedes geistige Schaffen verleiht, blieb alle hochmüthige Selbstüberhebung ihm diesmal fern.

Um so mächtiger ward ein anderes Gefühl in ihm wach, das lang unterdrückte, stets übertäubte[5] und doch nie verstummte Heimweh, das Verlangen nach dem Vaterlande, nach der Geliebten. Wo er ging und stand, schwebte ihm das sanfte, von blondem Haar umwallte Antlitz vor, wie er es in seinen Fieberträumen gesehen, bis sein Herz hoch aufschwoll vor Sehnsucht nach ihr.

Und endlich waren seine Arbeiten beendet, seine Tagebücher abgeschlossen, seine Sammlungen geordnet und verpackt.

Der Tag der Abreise war gekommen. Die Träger und Führer, welche ihn begleiten sollten, trafen die letzten Vorbereitungen. In leichtem Reiseanzuge, den vom schützenden Schleier umwundenen Hut auf dem Kopfe saß Herbert unter dem Vorbau[6] des Hauses neben dem Missionär, dem er den Namen „Vater" nicht nur mit den Lippen, sondern mit dem Herzen zu geben gelernt hatte.

„Ich nehme einen großen Schatz von hier mit mir fort," sagte Herbert bewegt. „Ich habe an das Gute im Menschen, an die Uneigennützigkeit der Liebe glauben gelernt."

Der Greis sah ihm freundlich in die Augen. „Wer an die Liebe glaubt," sagte er, „der glaubt an Gott, denn Gott ist die Liebe." —

Die Diener nahten, Herbert zum Aufbruch zu mahnen.[1] Tief ergriffen neigte er sich vor dem Greise, der seine Hände segnend auf ihn legte: „Möge die Liebe, die Dich jetzt nach der irdischen Heimat zieht, Dir auch den Weg zur himmlischen Heimat zeigen."

Noch ein Abschiedswort, ein Segensspruch, ein letztes Hin= und Zurückschauen, und Herbert hatte den ersten Schritt auf dem Wege gemacht, der ihn in sein Vaterland zurückführen sollte.

* * *

Und wieder war der Weihnachtsabend herbeigekommen. Dichter Schnee lag auf der alten Stadt Leipzig, in deren Straßen[2] und Gassen das Leben der Weihnachtszeit seine fröh= lichen Wellen[3] schlug.

Tief in seinen Mantel gehüllt, schritt Herbert durch die Häuserreihen, auf welche die erste Dämmerung sich gesenkt hatte. Seine Brust athmete[4] mit Entzücken die langentbehrte,[5] reine kräftige Luft seiner Heimat ein, seine Augen, deren warmer Strahl sein gewöhnlich ernstes und kaltes Antlitz wunderbar verschönte,[6] saugten[7] begierig jede Einzelheit des Bildes um ihn herum ein. Ja, er war wieder in der Heimat, in der Vaterstadt, aus der[8] er sich so ungeduldig fortgesehnt, über die er so oft mißachtend[9] die Achseln gezuckt, und die ihm im geheimsten Herzen doch über Alles theuer geblieben war!

Das waren die alten bekannten Häuser und Gassen, das war das weiße, winterliche Kleid, das er so oft an ihr gesehen, das war das frohgeschäftige[1] Treiben, das sie zur Weihnachtszeit zu erfüllen pflegte!

Dort auf dem Platze vor dem alterthümlichen Rathhaus glänzten wie sonst die Buden[2] des Weihnachtsmarktes, dort erhob sich der grüne, jetzt freilich schon[3] arg gelichtete Wald der Weihnachtsbäume, hier an der Ecke — war das nicht dasselbe alte, nur[4] noch etwas gebückter und runzliger gewordene Weib, das schon in seiner Knabenzeit da gesessen und den kleinen Kram[5] von billigem Spielzeug feilgeboten hatte! Er warf der überraschten Alten ein Geldstück in den Schooß und eilte weiter.

Nichts hatte sich verändert, es war Alles wie sonst geblieben. Wie aber würde er sie wiederfinden, deren Liebe er einst achtlos[6] von sich gestoßen, und nach der er sich jetzt sehnte mit jedem Schlage seines Herzens? Daß sie noch lebte und unverheirathet war, wußte er. Ihr Vater war schon seit Jahren todt, die Geschwister hatten sich zerstreut, die Schwestern geheirathet, die Brüder einen Beruf gewählt, sie selbst war still bei der Mutter geblieben.

Jetzt bog er in die Gasse ein, in der sie wohnte. Dort lag das kleine Haus, in dem er als Knabe so glücklich gewesen, und das jetzt Alles für ihn umschloß, was die Zukunft ihm als Glück zu bieten hatte. Mit zitternder Hand öffnete er die Hausthür und trat in den nur durch[7] ein im obern Stockwerk brennendes Lämpchen matt erleuchteten Flur. Für einen Augenblick trat er unter[8] den dunkeln vorspringenden Treppenabsatz.

Da ward oben eine Thür geöffnet, Stimmen wurden laut.
Eine Schaar Kinder, Hände und Taschen mit Näschereien und
Spielzeug gefüllt, stürmte[1] die Treppe hinab. „Wir danken
auch recht schön," schallte es von unten noch einmal im Chore
hinauf, während eine Stimme, deren wohlbekannter Klang
Herbert alles Blut[2] jäh zum Herzen trieb, ihnen von oben einen
freundlichen Abschiedsgruß nachrief.

Regungslos, als ob alles Leben sich in seinem Auge koncen=
trire, stand Herbert da und starrte aus dem Dunkel seines Ver=
stecks zu der Mädchengestalt empor, die sich, hell von dem Lichte
der Lampe beleuchtet, über die Treppenbrüstung[3] neigte. Ja,
das war sie! Die Wangen ein wenig schmäler und blässer,
die Augen um einen Schatten dunkler, die lachenden Grübchen
um den Mund von einem[4] ernsten, wehmüthigen Zuge ver=
drängt, aber sonst dasselbe holde, theure Antlitz, das[5] ihn be=
gleitet hatte wohin er ging, und das ihn jetzt über das Weltmeer
herüber zur Heimat geführt hatte.

Schon wollte er ihren Namen rufen, da trat sie zurück und
verschwand in der Wohnung.

Er wartete, bis er seine Fassung[6] wiedergewonnen, dann
stieg er langsam die Treppe hinauf. Leise öffnete er die Thür
des Vorzimmers. Es brannte kein Licht in demselben, aber der
Schnee, der draußen auf den Dächern lag, leuchtete zum Fenster
herein. Und dort am Fenster stand sie, die sein Herz suchte!
Die Hände über der Brust gefaltet, das Antlitz nach aufwärts
gerichtet, lehnte sie in der Fensternische und blickte ernst und
sehnsuchtsvoll zu dem nächtlichen[7] Himmel auf, als wollte sie

aus dem Funkeln seiner Sterne die Antwort auf die Fragen
ihres Herzens lesen.

Er machte eine Bewegung auf sie zu. Sie hatte das leise
Geräusch vernommen. Langsam wandte sie den Kopf und
suchte das Dunkel mit den Augen zu durchdringen. Aber schon
stand er an ihrer Seite und zog, ihren Namen stammelnd, ihre
Hände an seine Brust.

Sie schrak[1] nicht zusammen, sie schrie nicht auf; ihr Haupt
leise auf seine Schulter sinken lassend, flüsterte sie: „Ich wußte
es ja, daß Du kommen würdest!" — —

Die Lichter des kleinen Weihnachtsbaumes, den Anna nach
alter Gewohnheit für sich und die Mutter bereitet hatte, waren
niedergebrannt. In der Fensterecke unter dem Rosenstrauche,
der wie damals voll duftender Blüten hing, saßen die Liebenden
Hand in Hand. Sie hatten die Haupterlebnisse der langen
Trennungszeit an sich vorüberziehen lassen, jetzt schwiegen beide.
Ueber Herberts Antlitz flog eine tiefe Röthe, als er nach einer
Weile, so leise, daß nur sie es hören konnte, sagte: „Anna, ich
bin als ein Anderer zurückgekommen, als der ich ging. Ich habe
das Wort ‚Ewigkeit' verstehen gelernt."

„Ich hörte es an dem Klange Deiner Stimme, als Du
meinen Namen riefst," erwiderte sie innig.[2]

„Hast Du das Buch noch?" fragte er leise. Sie verstand,
was er meinte, und nahm den kleinen abgegriffenen[3] Band von
ihrem Schreibtisch. Sie brauchte nicht lange zu blättern,[4] das
Buch fiel von selbst an der oft gelesenen Stelle auseinander.

Dicht[5] an einander geschmiegt lasen sie zusammen den Schluß des Märchens, wie die beiden Kinder Hand in Hand durch den warmen Sonnenschein zur Heimat zurückkehrten, während die Winde ruhten[1] und die Kirchenglocken läuteten, die Sonne hervorbrach, und wie sie unter den blühenden Rosen saßen, beide erwachsen und doch beide Kinder, glückselige Kinder im Herzen.

Der Rosenduft zog durch das Zimmer und mischte sich mit dem kräftigen Wohlgeruch der grünen Tannennadeln,[2] und plötzlich verstanden auch ihre Herzen die Bedeutung des alten Spruches, den die Kinder im Märchen andächtig froh unter den Rosen gesungen. „Rosen blühn und vergehn, wir werden das Christkind sehn!" flüsterten sie mit vor Rührung[3] bebenden Lippen.

NOTEN.

(103)

Adj.	adjective.
Adv.	adverb.
bot.	botanical name.
cf. (confer)	compare.
dialect.	dialectical.
dem. (deminutiv)	diminutive.
E. E.	English etymology.
f.	feminine.
französ. (französisch)	French.
griech. (griechisch)	Greek.
Inf. (Infinitiv)	Infinitive.
ital. (italienisch)	Italian.
lat. (lateinisch)	Latin.
m.	masculine.
n.	neuter.
opp.	opposite.
p., Pag., Pagina	page.
Partic. Perf.	Past Participle.
pl., plur.	plural.
subst.	used substantively.
syn.	synonym.
=	equivalent to.
u. folg.	and following

NOTEN.

Vor Sonnenaufgang.

(BEFORE SUNRISE.)

Pag. 1. — **1.** widersprechen (to contra + dict). — cf. wider = ? wieder = ? wiedersprechen = ? ‡ die Braut (Eng. Etym. bride), cf. der Bräutigam (bridegroom). — In Deutschland = die, der Verlobte, *betrothed, affianced* person. **2.** das Salo'n (französ.) = Lied (drawing-room + song). **3.** während — ist conj. = *while* und præpos. = *during.* — Was ist es hier? **4.** der Flügel, *wing of a bird, of a house, of an army; flap of a coat; grand piano.* — cf. das Klavier = ? das Piano = ? das Pianino = ? die Orgel = ? das Harmonium = ? **5.** um ... sein, *to make it completely beautiful.* **6.** die Lieblingsfarbe (favorite + color), syn. die liebste Farbe. **7.** der Schmuckgegenstand, syn. das Geschmeide, die Juwelen, *piece of jewelry.* **8.** die ... erdachten ..., *beautiful and ideal representations of* ... **9.** die Bretterwelt (E. E. boards + world) = das Theater, die Bühne, *stage.* — cf. die Phrase: „Die Bretter, die die Welt bedeuten," zuerst gebraucht von Schiller in seinem Gedicht „An die Freunde" (1803). **10.** die Bonbonnière, (französ.), *bonbon basket.* **11.** selbsterwählte Bräutigamspflichten, *self-imposed lover's duties.* **12.** die Meinungsverschiedenheit (opinion's + difference) = ? **13.** verloben, *to affiance.* — cf. loben = ? das Lob = ? geloben = ? das Gelöbniß = ? das gelobte Land = ? sich verloben = ? der, die Verlobte = ? die Verlobung = ? **14.** ehemalig, syn. vormalig, früher, *former* von adv. ehemals. — cf. adv. gestern, adj. gestrig; adv. heute, adj. heutig; adv. vormals, adj. vormalig.

Pag. 2. — **1. der Flieder** = 1. elder, bot. Sambucus. 2. = der spanische Flieder, *lilac*, bot. Syringa. **2. das Vorstadtmärchen** (sub-urban + fairy-tale). **3. bisweilen,** syn. zuweilen (E. E. once in a *while*), dann und wann, mitunter, manchmal, zeitweise. **4. an Jemandem hängen** (to stick to . . .), *to be attached to somebody.* **5. verhehlen,** syn. verheimlichen, verbergen. **6. äußern** (E. E. to utter), syn. aussprechen, erwähnen, *to mention.* **7. seltsam** (E. E. seldom + some), syn. merkwürdig, sonderbar, befremdend. **8. artig,** syn. tadellos (blame + less), *irreprochable.* **9. die Pflichtliebe** (duty + love) = ? **10. der Verlobungstag** (engagement's + day) = ? — cf. der Geburtstag = ? der Hochzeitstag = ? der Todestag = ? der Namenstag = ? **11. über . . . hinweg** (E. E. over . . . away) = ? **12. der Sonnenaufgang** (E. E. sun + up going) = ? opp. der Sonnenuntergang = ? **13. die Farbentöne** (colors' + tints) = ? **14. der Frühthau,** syn. der Morgenthau (E. E. morning + dew). ‡ der schwachrosige Himmel, *roseate clouds.* **15. umspinnen** (to spin around), syn. bestricken, *to entangle.* **16. der Zauber,** *charm, witchery.* — cf. die Zauberei = ? der Zauberer = ? die Zauberin = ? die Zauberkraft = ? die Zauberformel = ? die Zauberflöte = ? zauberisch = ? **17. einen Augenblick** (eye's + blink) **lang,** *for a moment.* — cf. ein Jahr lang = ? ein langes Jahr = ? sein Leben lang = ? sein langes Leben = ? **18. der Duftschleier** (mist + veil) = ? **19. verhüllen,** syn. verdecken, bedecken, verbergen; opp. enthüllen.

Pag. 3. — **1. abwarten,** *to await for,* syn. warten auf. **2. der Vorsatz** (set + before, pro + posal), *intention.* — cf. der Absatz = ? der Aufsatz = ? der Zusatz = ? der Gegensatz = ? der Ansatz = ? **3. über den Haufen** (over the heap) **werfen,** syn. umwerfen, *to throw over.* **4. das Neue Museum** in Berlin mit großartigen Kunstsammlungen, 1843—1855 nach den Plänen des Königs Friedrich Wilhelm IV. vom Architekten Stüler gebaut. Dort sind unter andern auch die sechs bekannten Fresken Wilhelm Kaulbachs: der Thurm in

Babel; Homer und die Griechen; die Zerstörung Jerusalems; die Hunnenschlacht; die Kreuzfahrer vor Jerusalem; das Zeitalter der Reformation. 5. **erbeuten** = zur Beute (E. E. booty) machen =? 6. **der Laden** (E. E. lade = plank), *store.* — cf. der Buchladen =? der Papierladen =? der Schuhladen =? der Gold= und Silberwaarenladen =? der **Puppenladen** =? 7. **wahrnehmen** (E. E. aware), syn. bemerken, beobachten, gewahren. 8. **hyacinthenblau** = blau wie die Hyacinthe. — cf. die Narzisse =? die Tulpe =? die Maiblume =? die Reseda =? die Nelke =? das Vergißmeinnicht =? das Schneeglöckchen =? das Stiefmütterchen =? 9. **zum mindesten,** syn. mindestens, zum wenigsten, wenigstens. 10. **befremden** = fremd (strange) machen =? — cf. begütigen = gütig machen =? besänftigen = sanft machen =? befreien = frei machen =? 11. **mit dem ... Kindes,** *with the expression of a child caught stealthily enjoying forbidden delicacies.* 12. **fesseln** (die Fessel, fetter) =? — ss = tt, cf. besser =? die Nessel =? der Sessel =? 13. **verstimmt** (out of tune); fig. = in übler, böser Laune; nicht gut gelaunt; nicht gut aufgelegt; ärgerlich.

Pag. 4. — 1. **ausweichend** (e + vasively), syn. umgehend. 2. **Galate'a** — Pygmalion, ein kunstsinniger König von Cypern, war Weiberfeind geworden und hatte die Marmorstatue einer Jungfrau geschaffen, in deren Schönheit er sich sterblich verliebte. Auf seine Bitte machte die Göttin Venus aus jener todten Statue die lebende Galatea, die dann Pygmalion's Weib wurde. (cf. Mary Anderson in „Pygmalion und Galatea.") 3. **einnehmend** (captivating) =? 4. **zufällig** (der Zufall, ac + cident) =? 5. **die Saite,** *string, chord.* — cf. die Seite =? die Seide =? die Zeit =? seit =? seid =? 6. **die rechten Saiten ... bringen,** *what chords to strike in order to bring music from ...* 7. **gegenstandlos** (object + less). 8. **das Raffinement** (franzöf. zu sprechen!) =? syn. die Verschmitztheit, Verschlagenheit, Schlauheit. 9. **der Geheimpolizist** (secret + policeman) =?

Deklinire: der Polizist! **10. übersichtlich,** (die Uebersicht, over +
sight; sur + vey) = was übersehen werden kann, *open.* **11. Diner'**
und Souper' (franzöf. zu sprechen!) = das Mittagsessen und das Abendessen. — cf. die Phrasen: Wann speisen (essen) Sie zu Mittag?
Wann diniren Sie? Wann haben Sie Ihr Abendessen?
Wann speisen (essen) Sie zu Abend? Wann soupiren
Sie? **12.** die **Schwiegereltern** = der Schwiegervater und die
Schwiegermutter. — cf. der Schwager =? der Schwieger-
sohn =? die Schwiegertochter? der Stiefsohn =? die Stief-
tochter =? die Stiefmutter =? das Stiefmütterchen =? der
Pflegevater =? **13. häufig** (in a heap), syn. oft; opp. selten.
14. nichts darin finden = nichts Böses (oder Schlimmes) darin finden.
15. das Geringfügigste, syn. das Geringste, Kleinste, Unbedeutendste.
16. der vage Verdacht = der unbegründete Argwohn, *vague suspicion.*
17. der Argwohn (bad + opinion), syn. der Verdacht. **18. seien;**
datire — sind Subjunktive in der indirekten Rede. **19. der Dienstaus-**
tritt (stepping out of service), *retirement from service.* **20. datiren**
(das Datum, date) =? cf. die Phrasen: Welches Datum haben
(schreiben) wir heute? Seit wann datirt sich seine Krankheit?

Pag. 5. — 1. gestatten, syn. erlauben, opp. verbieten, verwehren.
2. die Klosterglocken (Monastery + Bells), franzöf.: Les cloches du
monastère, ein Nocturno, Composition von Lefebure Wely (Op. 54)
in D♭ imitirt den Klang der Klosterglocken bei Nacht. **3. falsch greifen,**
syn. falsch spielen, falsche Tasten greifen, *to touch the wrong key.*
4. beschwichtigend, syn. begütigend, besänftigend, cf. Note 10,
Pag. 3. **5. naschhaft,** *fond of dainties.* **6. das Ammenmärchen**
(nurse's + fairy tale). — Die großen deutschen Märchendichter sind
Jakob und Wilhelm Grimm, Musäus, Andersen, und in
unsern Tagen Rudolf Baumbach, dessen „Sommermärchen" und
„Märchen und Erzählungen" zu den besten Produkten der modernen
deutschen Literatur gehören. **7. die Pension** (franzöf. zu sprechen!)

boarding school. **3. die Hochzeit** (high + time), syn. die Heirath, Vermählung, Verheirathung, *wedding, marriage.* **9. ja** = yea; yes; *you know,* certainly. **10. die Ehe** = das Eheleben, *married life.* — cf. ehe =? die Ehre =? **11. unentwegt** (un + de + viated), without deviation, *unswervingly.* **12. den Garaus** (all out = right out, E. E. carouse = garouse) **machen** = den Todesstreich geben, *to give the finishing stroke; to put an end to.* **13. gleichviel** (equally + much), syn. ganz gleich (all the same), *no matter.* **14. der Heiß-sporn** (E. E. hot + spur) — cf. in Shakespeare's „Heinrich IV." Henry Percy, mit dem Beinamen „der Heißsporn." **15. die Camé:** (E. E. cameo), syn. der Edelstein, der, das Juwel, der Schatz. **16. angehen** (to go on) = 1. anfangen, beginnen. 2. möglich sein. — Hier =? **17. das Parterre** (französ. *par,* on, by + *terre,* ground, earth) *first floor.* — cf. das erste Stockwerk = die erste Etage, die Bel-Etage =? das zweite Stockwerk =? das Erdgeschoß =? **18. die Mansarde** (E. E. mansard), syn. das Dachstübchen, *garret-room.*

Pag. 6. — **1. die Verlobte,** cf Note 2, Pag. 1. **2. vernehmen,** vernahm, vernommen, syn. hören. **3. verwünschen** (to bewitch) =? **4. das Pfefferkuchenhaus** (E. E. Pepper + cake + house =) *gingerbread house.* cf. Grimm's Märchen „Hans und Grete," in welchem zwei Kinder tief im Walde ein kleines Pfefferkuchenhaus finden, worin eine alte Frau wohnt. **5. wohlerzogen** (well + educated), syn. gebildet. **6. es geziemt** (E. E. it beseems) **sich** = es ist recht, es ist passend, es ist schicklich. **7. der Zauberer,** cf. Note 16; Pag. 2. **8. herzerquickend** (E. E. heart + quickening). **9. entlocken,** *to set free.* **10. sich unterhalten** (to enter + tain), *to amuse one's self.* **11. welcher ... barg,** *which held the solution of the riddle.*

Pag. 7. — **1. künftig** = zukünftig (in spe) *future, prospective.* — cf. die Zukunft =? die Gegenwart =? die Vergangenheit =? **2. der Lauscherposten** (listener's + post), *watch.* **3. heiter,** syn. fröhlich, lustig, glücklich; opp. traurig, verstimmt. **4. fröhlich auf-**

lachen, *to burst out in laughter.* 5. eintreten (E. E. to tread in), to enter; idiom. es trat Ruhe ein = es wurde ruhig. 6. die Rhein=länderin = die Frau vom Rhein. 7. serviren (E. E. to serve). — Alle Zeitwörter mit der Endung -iren sind regelmäßige Zeitwörter.— Warum servire! und nicht serviren Sie!? 8. übrigens, *though.* 9. Jemanden um Etwas bringen (wörtlich: bring around = away from), *to take from.* 10. wuthschäumend (breathing + rage). 11. die gewundene (E. E. winding) Treppe = die Wendeltreppe. 12. der Satz, syn. der Sprung, cf. Note 2, Pag. 3. 13. empor, syn. hinauf. 14. das Ungestüm, syn. die Leidenschaft, die Heftigkeit, opp. die Ruhe, die Gelassenheit. 15. entlarven (to un + mask) == die Larve (die Maske) abnehmen. 16. vermuthlich . . . anzuschauen, *evidently much disturbed, and a terror-inspiring apparition.* 17. im Begriffe sein = gerade dabei sein, *to be about.* 18. entsetzt, syn. er=schreckt, erstaunt. 19. die heilige Madonna stehe uns bei! *Holy Virgin help us!* 20. unbekümmert (E. E. un + cumbered), syn. gleich=giltig, sorglos. 21. zur Schau tragen, syn. zeigen, sehen lassen.

Pag. 8. — 1. die Puppengesellschaft (dolls' + party) =? 2. Othello, der Repräsentant eines eifersüchtigen Menschen; cf. Shake=speare's gleichnamige Tragödie. 3. maßlos (E. E. measure + less, im + mense). 4. sich erholen, syn. zu sich kommen, *to recover.* 5. krampfhaft (E. E. cramp + having) =? 6. geflüsterte Beschwich=t'gungsworte, *whispered soothings.* cf. Note 4, Pag. 5. 7. der Hausflur (house + floor) =? 8. schelten (E. E. to scold), to *cen-sure.* 9. altmodisch (old + fashioned). 10. das Wohnzimmer (E. E. timber) = die Wohnstube (E. E. stove + room), *sitting-room.* Andere Räume im Hause sind: der Keller =? die Küche =? das Schlafzimmer =? die Kammer =? das Speisezimmer (Eß=zimmer) =? das Studirzimmer =? das Bibliothekzim=mer =? die Kinderstube =? das Vorzimmer =? der Sa=lon =? die Mansarde (Dachkammer) =? 11. nöthigen, *to press;*

to urge. **12. hochaufgerichtet**, *drawing herself up.* **13. obendrein,** syn. nebenbei, dabei, außerdem. **14. Gefallen finden** = Vergnügen finden; gern haben; lieben. **15. nahezu** (E. E. nigh + to), syn. beinahe, fast, ungefähr. **16. vorbeugen,** syn verhindern, opp. erlauben, gestatten, unterstützen, *to prevent, to check.* **17. die Kindereien** = das kindliche Thun, die kindlichen Spiele, *childish sports.* **18. der Alltags=mensch** (every day's + man) = der gewöhnliche Mensch, der Durch=schnittsmensch. **19. zum Spott herausfordern,** *to cause derision.* — cf. der **Spottvogel** = ? das **Spottgedicht** = ? **20. indem ich ...unterstützte** = dadurch daß ich ... unterstützte, *by supporting.*

Pag. 9. — 1. **der kostbare Brillantschmuck,** *costly set of diamonds.* 2. **fernerhin** (E. E. farther hence), syn. hinfort (E. E. hence + forth). 3. **angemessen,** *according to.* 4. **mitunter,** syn. zuweilen, dann und wann, bisweilen. cf. Note 3, Pag. 2. 5. **Gottlob!** (God + Praise') = ? 6. **das Spitzenkleid** (laces + dress). 7. **der Ein=druck** (im + pression). 8. **das Gemüth** (E. E. mood), syn. das Herz, die Seele. 9. **bei,** *with.* 10. **nach wie vor** (after as before), *in the future as in the past.* 11. **erfahren,** syn. hören. 12. **hinsicht=lich meiner,** *in regard to me;* cf. deiner, seiner (ihrer); unserer, Ihrer ihrer, welche die genit. des pron. pers. sind. 13. **sich be=nehmen,** syn. sich betragen, sich aufführen, sich zeigen. 14. **unter den steifen und geputzten Menschen,** *among the starched and finely dressed people.*

Pag. 10. — 1. **verstimmen** = in schlechte Laune bringen (versetzen). cf. Note 13, Pag. 3. 2. **zum Anbeißen** (bite at) **hübsch,** *"good enough to eat."* 3. **das blaue Tragkleidchen,** *long blue frock.* 4. **geloben,** syn. versprechen. cf. Note 13, Pag. 1. 5. **ersinnen,** syn. erdenken, erdichten, erfinden. 6. **die Verwendung** = die Anwendung, syn. der Nutzen, der Gebrauch. 7. **anspruchsvoll** (pretension + full) = ? 8. **die Kinderstube** (children's + room) = ? 9. **die Spielerei,** *sport.* 10. **wohlfeil,** syn. billig (französ.: bon marché); opp. theuer.

11. **vielmehr** (much + more) = ? 12. **ernſter und gefährlicher Natur** — ſind qualitative Genitive = von ernſter und gefährlicher Natur. 13. **jahrüber** (E. E. year + over) = das Jahr über, das Jahr hindurch, das Jahr lang, *in a whole year.* 14. **die Herrſchaften** = die Damen und Herren, *company.* 15. **ſecundenlang,** cf. Note 17, Pag. 2. 16. **das Wetterleuchen** (heat + lightning).

Pag. 11. — 1. **echt** (= ächt), opp. falſch, nachgemacht, imitirt'. 2. **das Genügen** (adv. genug, enough) = ? syn. die Genugthuung, Zufriedenheit. 3. **am Traumleben** (E. E. dream + life) **theilnehmen** (part + take). 4. **den Vorzug** (pre + ference, syn. die Auszeich= nung) **genießen,** *to enjoy the honor* (distinction). 5. **unvergleichlich** (in + comparable). 6. **das Bürgerrecht** (citizen + right). 7. **gern geſehen,** syn. willkommen. 8. **verrathen,** syn. zeigen, an den Tag legen. 9. **die Eiferſucht** (passion + sickness), *jealousy.* cf. „Eifer= ſucht iſt die Leidenſchaft, die mit Eifer ſucht, was Leiden ſchafft." (Schleiermacher). 10. **ſich erweiſen,** syn. ſich zeigen, ſich bewähren. 11. **ſonſt,** *otherwise.* 12. **umgänglich** (going + around with), syn. verträglich, *sociable.* 13. **der Kamerad'** (von camera = Jemand, mit dem ich dieſelbe Kammer, daſſelbe Zimmer benutze, room + mate); cf. der Compagnon (com + panis = Jemand, mit dem ich mein Brot eſſe = der Genoſſe); der Gefährte = mit dem ich fahre, reiſe. 14. **blaſirt,** *blasé* (franzöſ.). 15. **Seinesglei= chen** (his + like), *those of his sort.* 16. **das Frauenzimmer,** *woman;* cf. die Mannsperſon, *man.* 17. **ließ nichts zu wünſchen übrig,** *left nothing to be wished.* 18. **aufthauen,** syn. aufleben, *to thaw out;* cf. der Thau, Note 14, Pag. 2. 19. **verwandeln,** syn. verändern = anders werden. 20. **das Geiſtes= und Gemüthsleben,** *intellectual and emotional life.* 21. **das Seſam** — cf. "The Forty Thieves" in "Arabian Nights." — „Oeffne dich, Seſam" iſt die Zauber= formel, auf die ſich die Thür der Höhle öffnet. — Hier = ihr Inner= ſtes, ihr Herz, ihr Gemüth. 22. **die Erlöſungsſtunde** (salva-

tion + hour), *hour for opening.* **23. allgemach,** syn. allmählich,
nach und nach. **24. verdrängen** (to throng + away), *to push aside.*

Pag. 12. — **1. erschließen** = aufschließen, syn. öffnen; opp. verschlie=
ßen, zuschließen. **2. gewahren,** cf. Note 7, Pag. 3. **3. harren,** syn.
warten. — cf. das Sprichwort: „Hoffen und H a r r e n macht manchen
zum Narren." **4. der dunkeln Rede Sinn,** *meaning of these mysterious
words.* — cf. Schiller's Ballade: Der Gang nach dem Eisenhammer,
Strophe 28: „Herr, d u n k e l war der Rede S i n n."

Der gute alte Onkel.

(THE GOOD OLD UNCLE.)

Pag. 13. — **1. die Vorsehung** (pro + vidence). — cf. die Vorsicht = ? vorsichtig = ? die Nachsicht = ? nachsichtig = ? **2. ausnehmend** (ex + ceptionally), syn. ungemein (Engl. Etym. un + commonly), außerordentlich (extra + ordinarily). **3. nicht,** not; **gar nicht,** *not at all;* sogar nicht, not even. **4. es gehören dazu** (to it belong), *for this are necessary.* **5. verheirathet,** opp. unverheirathet, ledig, unbeweibt. **6. manche** (E. E. many), *some, several.* **7. da lohnt es sich** = da bezahlt es sich; da ist es der Mühe werth. **8. es gelingt mir,** *I am successful.* **9. ich malte ... aus,** *I painted it so beautiful.* **10. die Phantasie,** syn. die Idee, die Einbildung, der Gedanke. **11. die Vorstadt** (before + city), *suburbs.* **12. heimlich** (E. E. homely) = secluded; secret; comfortable, snug. Hier = ? **13. anmuthig eingerichtet,** *tastefully arranged.*

Pag. 14. — **1. wie es vorkommt** = wie es ist; wie man es sieht; wie es sich findet. **2. der Erkervorbau** (arch + pro + jection), *bow window.* **3. geschnitzt dunkelbraun** (cut + dark-brown), *carved walnut.* **4. bedeckt** (covered), *fitted.* **5. der Bücherschrank** (books + case). — cf. der Geldschrank = ? der Kleiderschrank = ? der Küchenschrank = ? der Glasschrank = ? **6. deren,** genit. plur. vom relat. pron. **7. dichten und denken,** *to write in poetry and philosophy.* Bulwer nennt (in seiner Vorrede zu "Ernest Maltravers," London 1837) die Deutschen „das Volk der Dichter und Denker." **8. befindlich waren** = sich befanden. **9. die Krystallbildung** (crystal + formation), *crystalline form.* **10. die Erzstufe,** *piece of ore; mineral* *specimen.* 11. die **Versteinerung**, syn. das Petrefact'. 12. die **Ueberbleibsel** ... Bildungen, *relics of prehistoric and extinct formations.* 13. der **Anbau** (an + nex). 14. das **Vogelhaus** (bird + house, lat. aviarium) = ? 15. das **Drahtgitter** (E. E. thread + grate), *wire-netting.* 16. **plätschern** (to splash). 17. **über** = over; across; more than. Hier = ? 18. das **Walten**, syn. das Regiment, das Regieren. 19. **mit** ... Hals, *with a bit of lace about the throat.*

Pag. 15. — 1. **pflegen** = 1. to attend to. 2. to be accustomed to do. — Hier = ? 2. **beschaffen sein sollte**, *should be constituted.* 3. **eine sonnenhafte Schönheit**, *a radiant beauty.* 4. die **Innigkeit des Gefühls**, *fervor of feeling.* 5. **wohllautend** (well + sounding), *melodious.* 6. **gemäßigt heiter**, *moderately cheerful.* 7. **wie die Sonne** ... Mond, *radiant like the sun, ... sympathetic like the moon.* 8. **trällern** (E. E. to trill) = ? 9. **ihretwegen**, *for her sake.* — cf. meinet=, deinet=, seinet=, unsert=, Ihret=, ihretwegen = ? 10. **sei** — ist Subjunktiv in der indirekten Rede. 11. **betrübt**, syn. traurig; opp. lustig, heiter, vergnügt. 12. **wehmüthig** (E. E. woe + moody), syn. traurig, melancho'lisch.

Pag. 16. — 1. **wie** ... hat = wie es zu sein scheint. 2. **liebebe= dürftig** (love + yearning). 3. **an fremdes** ... lassen, *make to twine about others' happiness.* 4. **ausbündigste** (subst. der Ausbund, pattern, paragon), syn. beste, vorzüglichste. 5. **ich habe ... erlebt,** *I have experienced seven first-born nephews and nieces.* 6. das **Wun= derkind** (E. E. wonder + child) = ? 7. **nachgeboren** (later + born). 8. **indem**, syn. weil, da. — Ist dies eine coordinirende oder eine sub= ordinirende Konjunktion? 9. **seltene Ereignisse**, *prodigies.* 10. **allen** diesen **Kindern**, dat. = für alle diese Kinder. 11. **selber** = selbst (E. E. self). 12. **an meine Knie drücken**, *press around my knees.* 13. **sittig** (subst. die Sitte, good manners) = ? syn. artig, wohler= zogen. 14. der **Junge** (E. E. young), syn. der Knabe, Bube. 15. der **krabbelnde** (E. E. grabbling) **Knirps**, *creeping pigmy.* 16. der

Familienzug (family + trait) =? **17. mir angehörig** = mir gehörend.

Pag. 17.—1. die Höschen, plur. (dimin. von die Hosen, trousers), *knee-breeches.* **2. und dergleichen** (E. E. and the like). **3. die Autorität'**(E. E. authority). **4. gewicht g** (E. E. weighty). **5. hat's** = hat es. **6. ein ... Argument',** *is an argument* (not of little value =) *of great force.* **7. giebt ... den Ausschlag,** *is the turning of the scale.* **8. der Drachen** (E. E. dragon) — *kite* = der Papier-drachen. **9. angeben,** syn. vorschlagen, *to suggest.* **10. Kinderspäße und Scherze,** *childish fun and pleasantry.* **11. der Neffe** masc., die Nichte fem. — cf. der Onkel =? die Tante =? die Cousine =? der Schwager =? die Schwägerin =? der Schwiegervater =? der Stief-vater =? die Stiefmutter =? das Stiefmütterchen =? **12. die Geschwister** (E. E. sisters), *brothers and sisters.* **13. allein,** 1. adj. = alone, single. 2. conj. = but, however. Hier =? **14. übel** (E. E. evil) **nehmen,** *to object to.* **15. häuslich** (domestic). **16. schließen** = 1. to close. 2. to include, to comprehend. 3. *to derive a conclusion.* **17. sogar ... verwandt,** *even not related at all.*

Pag. 18. — 1. eine ... Dame, *an admirable old lady.* **2. welche ... führt,** *who keeps my house.* **3. die Haushälterin** (E. E. house + holder) =? **4. sauber, etwas rundlich,** *neatly dressed and some-what portly.* **5. freundliche Fältchen** (E. E. friendly little + folds), *kindly wrinkles.* **6. die Haube,** *hood.* **7. mattgrau** (E. E. mate + gray), *dull-gray.* **8. urgroßväterlich** (great + grand + fatherly), *old fashioned.* — cf. der Urgroßvater =? die Urgroßmutter =? der Großvater =? der Vater =? der Sohn =? die Tochter =? der Enkel =? die Enkelin =? **9. sauber,** syn. reinlich, niedlich, nett; opp. unsauber, schmutzig — die Sauberkeit =? **10. Bescheid wissen,** syn. unterrichtet sein, *to have information about.* **11. jederlei Größe,** genit. qualit. = von jeder Größe. **12. heraufgestiegen kommen** = heraufkommen. **13. vermögen** (præs. vermag — impf.

vermochte — partic. perf. vermocht), syn. können; im Stande sein.
14. im Zwiespalt liegen, *to have difficulty.* — der Zwiespalt (E. E.
two + split). cf. der Zwieback (bis + cuit), das Zwielicht
(E. E. twi + light), die Zwietracht (dis + cord). **15. und tappt
... umher** (and gropes around in the forest of the different
names, before she finds the correct one =) *she is often at a loss
to apply the correct one.* **16. na,** interj. well then!, *well!, now!*
17. der Vorplatz, *entry.* **18. vorig** (E. E. before; former), syn.
letzt, vergangen. **19. ja, you know.** **20. die Zauberflöte** ("Magic
Flute"), eine bekannte Oper Mozart's, componirt 1790. **21. herein
kommt gehüpft** = herein hüpft. **22. es besteht ... Herkommen,** *there
is a well established custom.*

Pag. 19. — **1. der Gebrauch,** syn. das Herkommen, die Sitte, Gewohnheit. **2. vorbehalten,** *to reserve.* **3. das bezügliche Kind** (the
respective children =) *such a child.* **4. stets** (E. E. steadily), syn.
immer, opp. nie, nimmer, niemals. **5. das Gemüth** (E. E. mood),
mind; soul; character. **6. dem ersten Eindruck gegenüber.** — Die
Präpositionen gegenüber und entgegen folgen dem Worte, zu dem
sie gehören. **7. bei Schlange,** *at the appearance of the serpent.*
8. stumm und starr, *mute and motionless.* **9. staunendes Entzücken,**
astonishment and delight. **10. tagelang,** *for days.* — cf. Note 17,
Pag. 2. **11. der Naturforscher** (nature + investigator), *naturalist.*
— Nenne drei große Naturforscher, einen Amerikaner, einen Deutschen
und einen Engländer! **12. thäten** — ist Subjunktiv in der indirekten
Rede. **13. der Häuptling** (E. E. head + ling), *chieftain.* — Welchen
Artikel nehmen alle Hauptwörter mit der Endung -ling, z. B. Schmetterling, Frühling, Jüngling, Feigling? **14. der Anzug** (anziehen, to
put on), syn. die Kleidung. — cf. in Schiller's Wilhelm Tell,
I. Akt, 1. Szene: „Ein Gewitter ist im Anzug" =? **15. u. s. w. =**
und so weiter. — Andere Abkürzungen sind: z. B. =? u. s. f. =?
u. dergl. =? d. h. =? d. i. =? u. a. =? u. a. m. =? **16. dem-**

gemäß (according + to this) =? **17. auswendig** (without the book) **können,** *to know by heart.* — cf. auswendig lernen =? **18. das Lieblingsgespräch** (favorite + speech) =? — Wer ist Ihr Lieblingsdichter? Was ist Ihre Lieblingsblume? Ihre Lieblingsfarbe?

Pag. 20. — **1. das Spintisiren,** *pondering.* **2. die Läden durchmustern,** *to muster the stores.* **3. alle . . . hervorgesucht,** *all my talent as a painter, paster, wood-worker and card-board toy-maker is called forth again.* **4. bei** mir = in meiner Wohnung. **5. die Bescheerung,** *bestowing of Christmas-gifts.* **6. der Reihe herum** (the row + around), *in turn.* **7. bescheeren** — cf. Note 5. **8. das Rückenkissen** (back + cushion). **9. der Greuel,** syn. der Abscheu, Schrecken, *horror.* **10. dazu** (E. E. thereto) = für sie, dafür, für dieselben. **11. sich befinden** (E. E. to find themselves) =? **12. Macassar** ist ein Haaröl, das aus Castor= und Olivenöl präparirt wird; es hat seinen Namen von dem Distrikt Macassar auf der Insel Celebes, von wo es exportirt wird. **Antimacassar** (against + Macassar oil) nennt man Decken zum Schutz für Sophas und Lehnstühle, *tidies.* **13. tapeziren** (E. E. tapestry), *to paper.* — cf. die Tapete =? der Tapezirer =? **14. die Dürftigen,** *those in need of them.* **15. unter** = 1. under. 2. amidst. 3. *among.* **16. Stifter, Adalbert,** Dichter und Novellist, geboren in Böhmen 1805, gestorben 1868, einer der besten deutschen Prosaschreiber, cf. „Studien," „Bunte Steine," „Nachsommer," „Witiko." **17. das Kammfutteral** (comb + case) — mm = mb oder mp, z. B. Lamm =? klimmen =? Schlummer =? Zimmermann =? Kammer =? u. s. w. **18. so glatt wie eine Tenne** (smooth as a thrashing-floor), "*bare as a billiard-ball,*" "*bald as a coot.*" **19. die Hausschlüsseltasche** (house + key + pocket) =? — Die Hausschlüssel sind in Deutschland meist viel größer als die unsrigen ; darum hat man Futterale dazu. **20. gekratzt** (E. E. scratched), *daubed.* **21. dem** = für den. **22. das Trinkding,** syn. das Trinkgefäß, *drinking cup.* **23. die Legion'** (E. E. legion). — Wie viele Soldaten hatte eine römische Legion ?

Pag. 21. — 1. in **Erfüllung gegangen** (E. E. gone in fulfillment). 2. **das Hinterhaus** (E. E. hinder + house), *rear of the house.* 3. **allein** — cf. Note 13, Pag. 17. 4. **freundlich** (E. E. friendly), syn. gemüthlich, *cosy.* 5. **das Geräth,** *fittings.* 6. **laut** (E. E. loud); opp. leise, still, ruhig. 7. **ausländisch** (E. E. outlandish) = ? 8. **der Fink** (E. E. finch). — **ch** = **k,** z. B. Buch = ? Eiche = ? suchen = ? und **k** = ch, z. B. Kirche = ? Birke = ? Kirsche = ? u. s. w. 9. **schöne Blattgewächse,** *beautifully leaved plants.* 10. **traulich,** *snug.* 11. **der es … hat,** *who has dealt so bountifully with me.* 12. **zuweilen** — cf. Note 3, Pag. 2. 13. **auserwählen** = auswählen (to choose + out, to se + lect). 14. **hinsehen** (to see along) = ? 15. **Gewühl und Gewirr,** *buzz and bustle.* 16. **der Dämmer** (E. E. dim) = die Dämmerung, syn. das Zwielicht.

Pag. 22. — 1. **breit … Grab,** *will send (out) large tendrils over the grave.*

Leberecht Hühnchen.

(LEBERECHT HUEHNCHEN.)

Pag. 23. — 1. **erfahren**, syn. hören, vernehmen. 2. **der Studiengenosse** (studies + fellow), *class-mate*. — Interessant ist die Etymologie der syn. der **Kamerad'** (die Kammer, chamber) *room-mate*; der **Compagnon'**, der **Kumpa'n** (com + panis, together + bread) = ? der **Genosse** (genießen, to enjoy) = ? der **Gefährte** (fahren, to travel) = ? 3. **ansässig** (settled on) = ? 4. **die Maschinenfabrik** (Eng. Etym. machines+fabric) = ? 5. **vor dem Oranienburger Thor**, *outside the Oranienburg Gate*. 6. **wie das ... pflegt** = wie das vorkommt, sich ereignet. 7. **sich ... verlieren**, *to lose sight of each other entirely*. 8. **etwa**, syn. ungefähr. 9. **erfolgen** (E. E. to follow), *to take place*. 10. **verknüpfen** (subst. der Knopf, [E. E. knobj *button*) = ? 11. **sofort**, syn. sogleich, augenblicklich, unverzüglich. 12. **auffrischen** (E. E. to freshen). 13. **bevorzugen** (to pre + fer); die **Bevorzugten**, *fortunate people*. 14. **selbst** (E. E. self), syn. sogar, *even*.

Pag. 24. — 1. **verstimmt** — cf. Note 13, Pag. 3. 2. **unverwüstlich** (in + do + struct + ible) = ? 3. **die schlimmste Sache** (worst matter) = ? 4. **drehen und wenden**, *to twist and turn*. 5. **das Polytechnicum** = die technische Hochschule, die Gewerbe-Akademie, *Institute of Technology*. Die besten Anstalten dieser Art sind die in Berlin (gegründet 1820), Karlsruhe (1825), München (1827), Hannover (1831), Stuttgart (1832), Darmstadt (1869). 6. **die Unterstützung** (sup + porting), syn. der Wechsel = ? 7. **er schloß sich ... aus**, *he did not withdraw from any students' social* *gathering.* 8. borgen (E. E. borrow), syn. leihen, *to loan* — cf. rg, rf, rch = rrow, lg = llow, z. B. morgen =? sorgen =? das Mark =? Harke =? Talg =? Galgen =? folgen =? (engl. yolk = yellow). 9. **eines Winterabends** — genit. der Zeit auf die Frage „wann?" 10. sich befinden (E. E. to find one's self). 11. **nicht ... Lage** (not too rare a condition) =? 12. **daß ... waren**, *that all my resources were exhausted.* 13. **der Wechsel** = 1. change. 2. bill of exchange. 3. *a student's allowance from home.* 14. **dreißig Pfennige** = 7½ amerikanische Cents. 15. **das ... klimperte**, *which scantily clinked in my pocket.* 16. **die Anlage** = 1. park. 2. establishment. 3. *investment.* ‡ **das Kapital'**, opp. die Zinsen, die Interessen =? cf. das Kapitol' =? das Kapi'tel =? 17. **das Ansinnen**, syn. das Gesuch, Verlangen, die Bitte. 18. **famos'** (E. E. famous), *excellent!*, ein beliebter Studentenausdruck.

Pag. 25. — 1. **der Landsmann**, *townsman.* 2. **einen Stiftungscommers mitmachen**, *to take part in an anniversary banquet.* 3. **fidel'**, syn. lustig, heiter, gemüthlich. 4. **allerlei** (all kinds of), syn. allerhand. 5. **lucullisch** = wie Lucullus (114—57 vor Chr.), with the lavishness of L.; *luxuriously.* 6. **die Gasse** (E. E. gate), syn. die (enge) Straße. 7. **die Aegidienvorstadt** (Saint Aegidii + suburbs). 8. **ein ... Laden**, *unpretentious shop.* 9. **der sich ... kennzeichnete**, *characterized by a few crossed clay pipes, a few packages of chicory and tobacco, blacking pots and mustard boxes.* 10. **die Düte**, *cornucopia-shaped bundle.* 11. **zum Vorschein kommen** = erscheinen, sichtbar werden. 12. **der Giebel** (E. E. gable), *attic.* — cf. Gibraltar = Gebl al Tarik, elevation of Tarik. 13. **anspruchslos** (pretension+less) =? cf. Note 7, Pag. 10. 14. **die Dach'ammer** (roof + chamber) =? cf. Note 18, Pag. 5. 15. **der Vogelkäfig** (bird + cage). 16. **einheizen** (E. E. to heat in), *to build a fire.*

Pag. 26. — 1. **gebirgig** (der Berg, hill, mountain) =? 2. **der sich ... Neufundländer**, *was in that proportion to a common stove,* *which a terrier bears to a Newfoundland.* **3. züngelnd** (die Zunge, tongue) =? **4. ſtet** (E. E. steady), syn. fortwährend, fortdauernd. **5. begreifen** = 1. to touch. 2. to com + prehend. 3. to con + ceive. Hier =? **6. ſchüren,** *to poke.* **7. wenn . . . friert** = wenn Einem die Kälte durch Mark (E. E. marrow) und Bein (E. E. bones) geht, *when the cold goes through and through one.* **8. trotzig** (der Trotz, spite) =? **9. Blechtopf** (tin + pot), *skillet.* **10. die Wirth= ſchaftsgegenſtände,** *table furniture.* **11. der Unterſatz** (E. E. under+ set), syn. die Untertaſſe, *saucer.* **12. die Butterdoſe** (butter + jar). **13. die Pappſchachtel** (pasteboard + box). **14. avanciren** (franzöſ. zu ſprechen!), E. E. to advance, *to be promoted.*

Pag. 27. — **1. das Familienerbſtück** (family + heirloom). **2. erreichbar** = was erreicht (E. E. reached) werden kann, möglich iſt; — cf. eßbar =? ſichtbar =? hörbar =? ſchiffbar =? **3. der Zinken** (E. E. tine). **4. verbogen** (E. E. bow) =? **5. Neuſilber** (E. E. new + silver), *German silver.* **6. die Häuslichkeit,** *house-hold.* **7. ſieden** (E. E. seethe) =? d = th, z. B. du =? Dank =? Dorn =? Bruder =? denken =? durch =? beide =? Tod =? Pfad =? Erde =? Eid =? **8. die Abendmahlzeit** (E. E. evening + meal) =? **9. nachdenklich,** syn. gedankenvoll. **10. ſo ein** = ſolch ein, ein ſolches. **11. der Schluck,** *swallow.* **12. ſchlampampen** — populäre und intenſive Form für „ſchlemmen" = ſchlämmen, *to carouse, feast royally.*

Pag. 28. — **1. ſonder** (E. E. sunder) **bar,** syn. eigenthümlich, merkwürdig. **2. mit . . . anklopfen,** *to rap with the edge of the knife.* **3. Faſa'n! Lucullisch!** *pheasant! Epicurean!* **4. vorhanden** (at hand) =? **5. vorhin** (E. E. before + hence), syn. vorher, kurz zuvor. **6. zehn Pfennige** — cf. Note 14, Pag. 24. **7. invalid',** *dilapidated.* **8. deren Mundſtück** (mouth + piece) . . . zu beſtreuen, *was cut down to a very small stump, and whose bowl, because it was much too large for the stem, possessed the undesired habit of suddenly*

falling off and raining a shower of sparks upon the pantaloons. **9.**
löſen, *to overcome.* **10.** Don Quixote — das Meiſterwerk des ſpani=
ſchen Dichters Miguel de Cervantes (1547—1616), ausgezeichnet durch
ſeinen ſein=ſatiriſch komiſchen Inhalt und ſeine klaſſiſche Sprache. **11.**
nebenbei geſagt (besides said), *by the way.* **12.** ſachwiſſenſchaftliche
Werke = Werke über ſein Fach (ſeine Profeſſion), d. h. Werke über
Bau fach und Ingenieurweſen, *professional works.* **13.** vorleſen =
laut leſen.

Pag. 29. — **1.** durchbrauſen, syn. durchſauſen, *to plough through.*
2. der Wogenſchwall, syn. der Wogenprall, *surging waves.* — cf. Die
Wacht am Rhein: „Es brauſt ein Ruf wie Donnerhall, wie Schwert=
geklirr und Wogenprall," u. ſ. w. **3.** der Handelskönig (commerce +
king) =? **4.** der Landſitz (country + seat), syn. das Landhaus,
die Villa. **5.** die Handelsconjuncturen, *commercial ventures.* **6.** ge=
langen zu, syn. bekommen, *to get.* **7.** träg, syn. faul, langſam, ruhig.
8. heimatlich, *native,* d. h. deutſch, in Deutſchland. **9.** der Weiden=
baum = die Weide, *willow.* — cf. die Weide, pasture. **10.** der Tabak.
11. im beſten Fall (in the best case) =? **12.** die Ufermark (Ucker=)
iſt der nördlichſte Theil der preußiſchen Provinz Brandenburg, wo man
einen nicht eben ſehr guten Tabak baut, genannt Ufermärker. **13.** gar =
ſogar, *even.* **14.** die Gefilde, collect. = die Felder. — Viele Haupt=
wörter mit Ge- haben collective Bedeutung, d. h. ſie ſtehen für einen
Plural, z. B. das Gebirge = die Berge ; das Geſtein = die Steine ;
das Gebüſch = die Büſche ; das Gehölz = die Hölzer. **15.** die Rübe
(E. E. rape) iſt ein allgemeiner Name für die ganze Familie, deren
bekannteſte Spezies ſind : die Mohrrübe, carrot; die Kohlrübe,
turnip; die rothe Rübe, red beet; die Zuckerrübe, white beet,
sweet turnip, *beet-root.* Die große fleiſchige Wurzel der Zuckerrübe
giebt den Rübenzucker. Sie wird in allen Theilen Deutſchlands gebaut,
beſonders aber in dem reichen Boden zu beiden Ufern der Elbe in
der Nähe der Stadt Magdeburg. Die getrockneten Blätter dieſer

Pflanze werden von den ärmsten Klassen als ein Substitut für Tabak gebraucht.

Pag. 30. — 1. **der Hinweg** (E. E. hence + way), opp. der Rück= weg, der Herweg; cf. adv. hin und her, to and fro; this way and that. 2. **verklären** (E. E. clear), *to brighten.* 3. **auch von seinem Gemüth ... abgestreift,** *brushed aside the bloom* (enamel) *from his sunny disposition.* 4. **im Klaren sein** = gewiß sein; genau wissen. 5. **reinlich** = gekleidet. 6. **sich vergnügen** (enough) = sich Vergnügen machen, syn. sich amüsiren. 7. **trüb,** opp. klar, sonnig. 8. **entgegen= bringen** (to bring towards), *to bestow upon.*

Pag. 31. — 1. **kostenlos** (expenses + less) = ? opp. theuer, kost= spielig. 2. **der Geist** = 1. ghost. 2. genius. 3. mind. 4. volatile fluid. 5. *way, manner.* 3. **streicheln** (E. E. to strike), *to smooth.* 4. **eilfertig,** syn. schnell, hastig, hurtig, flink; opp. langsam, träg. 5. **voran,** syn. vorauf, *ahead of.* 6. **klappern,** *to patter.* 7. **hastig** (E. E. hastily). 8. **vermelden** = melden, anmelden, syn. anzeigen, verkündigen. 9. **warten.** — Das Zeitwort „warten" hat eine dop= pelte Construction, nämlich 1. mit dem Objekt im genit. = er wartete meiner; 2. mit der Präposition „auf" mit dem accus. = er wartete auf mich. Die letztere Construction ist die gewöhnlichere. 10. **und die Haare ... zurückgewichen,** *and the hair had receded from his forehead.* 11. **unverwüstlich** (un + de + vast + able), *ineradicable.* 12. **anderweitig** (E. E. other + wise) = in einer andern Weise. 13. **bändigen** (E. E. to bind), *to restrain.* 14. **ein Indianertanz** (E. E. Indian + dance), *war-dance.*

Pag. 32. — 1. **lauter Wonne,** *intense happiness.* 2. **mithopsen** (E. E. with + to hop) = ? 3. **das Mitgefühl** (com + passion, sym + pathy). 4. **nicht ganz gerade** (not entirely straight), *slightly deformed.* 5. **die Sanftmuth,** *gentle disposition.* 6. **be= fremdet** (adj. fremd, strange), *somewhat surprised.* 7. **gerührt** (touched), *feelingly.* 8. **Lore,** abgekürzt für Leonore. 9. **rosig** =

wie eine Roſe — cf. feurig =? blutig =? eiſig =? ſtaubig =?
freudig =? 10. unverſieglich, syn. unerſchöpflich (in + ex + haus-
tible). 11. der Born = der Brunnen. — Ueber die Metatheſis des r,
z. B. Brett = board, durch = through, dritte = third, cf. Bernhardt's Sprachbuch II., p. 141, XVI.

Pag. 33. — 1. ſchweres . . . Fülle, *abundant wavy hair in rare
quantity.* 2. meinen, syn. ſagen, bemerten, äußern. 3. die Bewirthung
(der Wirth, host), *hospitality.* 4. auftiſchen (to table up), *to pro-
vide what the house affords.* 5. Berliner Wirthſchaft . . . Vorräthe,
Berlin housekeeping makes no provision for the future. 6. nimmt
. . . um, *throws a shawl around her.* 7. quer über (E. E. queer
over), *just across.* 8. die Spiegelſcheiben, *plate-glass show-windows.*
9. ein roſiger behäbiger Mann, *ruddy portly man.* 10. der Marmor-
tiſch, *marble counter.* 11. das Ladenmädchen, *saleswoman.* 12. das
Zaubertäſchchen (little + magic + pocket). 13. herabſäbeln (to
sabre down), *to cut off.* 14. der Säckel (diminut. von: der Sack),
syn. das Täſchchen, das Portemonnaie.

Pag. 34. — 1. die Einrichtung, syn. die Möbet, *furnishings.*
2. Purpur . . . Leinwand, nach Lukas, Kapitel 16, Vers 19. 3. dem
wäre beſſer, daß . . ., nach Matthäus, Kapitel 18, Vers 6. 4. ab-
riegeln (E. E. rail + off), subst. der Riegel, bolt =? 5. loslaſſen
(E. E. let loose), syn. ausführen, tanzen.

Pag. 35. — ‡ der Irre (E. E. err-) insane person; das Irren-
haus =? syn. die Irrenanſtalt. 1. der Ausgang (E. E. going + out),
errand. 2. hausmütterliche Geſchäftigkeit, *housewifely care.* 3. die
Wichtigkeit (E. E. weightiness), *pomposity; pompous manner.*
4. zur Hand gehen, syn. helfen. 5. verſtändnißinnig (E. E. under-
standingly). 6. der Tokaier-Wein aus Tokay in Ungarn. 7. wohlhabend, *richly.* 8. opulente Gelüſte, *extravagant desire.* 9. es thut
mir leid (E. E. does me loath, loth), *I regret.* 10. wegſtellen (to
place + away), *to store away.* 11. gereift (adj. reif, E. E. ripe).

12. **ein kleines ... Clavier,** *thin, husky-toned piano.* 13. **anmuthiger Ausdruck,** *sympathetic expression.* 14. **wär' ich** = wenn ich wäre.

Pag. 36. — 1. **geschäftliche Verhältnisse,** *business affairs.* 2. **erfahren,** syn. hören, vernehmen. 3. **daß sein Gehalt ... zu thun hatte,** *even so small as was his salary, so remarkably large was the amount of work he had to do.* 4. **die sogenannte Gründerzeit,** *time of the stock-companies.* — Nach dem deutsch-französischen Kriege hatte Frankreich eine Contribution von 5 Milliarden Francs an Deutschland zu zahlen. Dieses Geld rief ein großes, industrielles Leben in Deutschland hervor, bis im Jahre 1873 der sogenannte „Krach" (financial panic) erfolgte. 5. **da gab es ... Nebenverdienst,** *there was frequently a chance for additional earnings.* 6. **der zweite Rang** (second rank), *balcony.* 7. **das Parquett'** (französ.), *orchestra.* 8. **der Chef** (französ.), E. E. chief, *employer;* opp. **der Beamte,** *employee.* 9. **das Amphitheater,** *upper gallery.* 10. **befördern** (E. E. to further), syn. vergrößern. 11. **die Partitu'r** (E. E. partition), *musical score.* 12. **der Capellmeister** (orchestra + master), *leader.* 13. **auf die Finger gucken,** *to watch closely.* 14. **und ... schenken,** *and pardon no mistakes.* 15. **sich verabschieden** = Abschied nehmen, syn. sich empfehlen, fortgehen.

Pag. 37. — 1. **die Schatzkiste** (treasure + box). — Was ist: das Schatzamt =? 2. **das Gemüth,** syn. das Herz. 3. **Ruhm · und Ehre,** *glory and fame.* 4. **gedeihlich,** syn. gut, vortheilhaft. 5. **die Vorsehung** (pro + vidence). 6. **sonnigen Herzens** — adverb. genit. = mit sonnigem Herzen. 7. **der goldene Schimmer** = der Schimmer (Glanz, Schein) des Goldes. 8. **nachjagen** (to hunt + after).

Der Simpel.

(The Simpleton.)

Pag. 38. — 1. **der Main** — ist ein Nebenfluß des Rheins. — Welcher große Dichter ist in Frankfurt am Main geboren? Wann? 2. **rheinländischer Gutsbesitzer**, *Rhenish land-owner; estate-owner.* 3. **dessen** = des Reisens ungewohnt, *unaccustomed to this.* 4. **das Auftreten**, syn. das Betragen, das Verhalten, das Benehmen. 5. **zudringlich**, *obtrusive.* — Zudringliche, plur. =? 6. **nichtsahnend** (nothing + suspecting), *unconscious.* 7. **blättern** (subst. das Blatt, leaf) =? 8. **oberflächlich** (super + ficial). 9. **das Menschenbild** = das Menschenantlitz, das Gesicht eines Menschen.

Pag. 39. — 1. **nämlich** (E. E. namely), *that is to say.* 2. **das Glücklichsein** (happy + to be) =? 3. **Umschau** (look + around) **halten**, syn. suchen, sich umsehen nach. 4. **er war . . . gewiß**, *already he was sure of his* (point) *success.* 5. **genossen**, syn. getrunken, zu sich genommen. 6. **einsteigen!** (to step + in), *all aboard.* — Der Infinitiv wird oft imperativisch gebraucht. 7. **das Handgepäck** (E. E. hand + bag), *satchel.* 8. = „Ist das der Zug nach Wiesbaden?" — N. B. Die Engländerin hier spricht in gebrochenem Deutsch und macht alle die Genus- und Constructionsfehler, in die der Fremde, der Deutsch spricht, so oft verfällt. Der Schüler sage, wie viele Fehler die „Miß" in diesem — und allen folgenden — Sätzen macht und welche? 9. **Wiesbaden** = einer der bedeutendsten Badeplätze Deutschlands, am Südabhang des Taunes-Gebirges, mit berühmten salz- und eisenhaltigen Quellen. 10. **der Schaffner**, *conductor.* 11. **bejahend** — opp. verneinend =? 12. **der Bescheid**, syn. die Antwort. 13. **der Perro'n** (franzöf. zu ſprechen!), *dépot platform.* **14. auf dem Fuße folgen,** *to follow close upon the heels of a person.* **15. flache Hand** = offene Hand. **16. ungläubig** (in + *credulous*). **17. ſtehe** = ich ſtehe zu Befehl, *at your disposal.* **18. wenn der Dienſt . . . verträgt,** *if the service agrees with my duty.* **19. an . . . rückend,** *touching his cap.* **20. die blanke Ledertaſche,** (*polished leather, dressed leather*), *stylish leather bag.* **21. daß es geht** (*that it is to go*) = daß es möglich iſt. **22. wenn's gefällig iſt** = gefälligſt, *if you please.*

Pag. 40. — 1. ſtark beſetzt, *crowded.* **2. No. 33** = Coupé No. 33. **3. die Schleierdame** = die Dame mit dem Schleier auf dem Hute. **4. das Mißchen** = die junge Dame. **5. Fräuleinchen** — dialektiſch = mein liebes Fräulein. **6.** = „Ich ſuche das Damencoupé. Bitte, wo iſt dies?" **7. vollgepfropft,** *crammed-full.* **8.** = „Nein. Danke. Darin iſt ein Herr, und ich fahre nicht mit einem ſolchen. Ich werde ein anderes Coupé finden." **9. anderthalb** (*the other* = *the second half*) **Minuten** = 1½ Minuten. **10. es geht los** = wir fahren ab; der Zug fährt ab. **11.** = „Aber ich ſage Ihnen, daß ich nicht mit einem Herrn fahren will. Lieber bleibe ich hier." **12. ei was!** *pshaw!* **13. Machen's lei' Sach'** — dialektiſch = Machen Sie keine Sache (*don't bother about it!*). **14. können's** — dialektiſch = können Sie. **15. getroſt,** syn. ruhig, unverzagt, guten Muthes, *safely.* **16. vor dem . . . Frauenzimmer,** *no woman needs to fear him.* **17. ein Simpel** — behalte hier in der Ueberſetzung das deutſche Wort bei, da das engliſche "simpleton" die Pointe ſtören würde. **18. aber . . . gefaßt,** *caught the meaning of his words to a certain extent.* **19.** = „Ein Simpel, was iſt das?" **20. Steigen's ein!** — dialektiſch = Steigen Sie ein! **21. gleich** = ſogleich. **22. 's iſt** = es iſt.

Pag. 41. — 1. angenehme Fahrpartie! = angenehme Reiſe! glückliche Reiſe! **2. der Abſatz** = 1. stop, pause. 2. stanza, paragraph. 3. sale, market. 4. *heel of a shoe.* **3. der Vorgang** (pro +

cedure), *incidents.* **4. das Mißlingen,** — opp. das Gelingen = ? — *frustration.* **5. froh überrascht,** *agreeably surprised.* **6. schließlich,** syn. am Ende, zuletzt. **7. bei sich** = in sein Coupé. **8. den plötzlichen Umschwung herbeiführen,** *to accomplish the sudden change in her resolution.* **9. mit einem prüfenden Blick streifen,** *to give a passing glance of inquiry.* **10. unterbringen,** *to store away.* **11. in aller Gemüthlichkeit,** *without ceremony.* **12. verstohlen** (von „stehlen," *to steal*) = ? syn. heimlich. **13. lose geknotetes Haar,** *loosely knotted hair.* **14. Goldfunken sprühen,** *to sparkle like gold.* **15. die strenge** ... **Profils,** *the finely cut, classic contour of the youthful face.* **16. aurikelbraun,** *hazel-brown.* **17. anthun,** syn. bezaubern, behexen, *to bewitch.* — Was ist: der Z a u b e r e r ? die H e x e ? **18. da in ihnen** ... **schien,** *as in them seemed to be the key to the as yet unsolved question of his single life.*

Pag. 42. — **1. die Huldin** (adj. hold, syn. schön) = die Schöne — davon der Name „H u l d a." **2. den Anfang machen,** *to open the conversation.* **3. so klug oder so dumm,** *no matter whether cleverly or clumsily.* **4. angehen** = 1. *to begin, commence.* 2. *to be possible.* 3. *to concern.* **5. der Bädeker** — das bekannte, rothgebundene Reisehandbuch von Bädecker, *Baedeker's Guide-Book.* **6. die Auskunft,** syn. der Bescheid, *information.* **7. dunkelumsäumt** (dark + seamed), *dark-fringed.* **8.** = „D a s i s t n i c h t d e r B ä d e c k e r. D a s i s t e i n d e u t s c h = e n g l i s c h e s W ö r t e r b u c h ; i c h s u c h e e i n W o r t, e i n W o r t, d a s d e r S c h a f f n e r — e i n m e r k w ü r d i g e s W o r t ! O h, d i e d e u t s c h e S p r a c h e i s t s e h r s c h w e r !" **9. sich aufhalten,** syn. wohnen, leben, bleiben. **10. der Umgang,** syn. die Gesellschaft, die Compagnie. **11.** = „S c h w e i g e n S i e !" — höflicher wäre: „Sagen Sie das nicht!" **12.** = „I c h w e i ß s e h r g u t, d a ß d a s n i c h t w a h r i s t. M a n l a c h t i m m e r ü b e r m i c h w e g e n m e i n e r F e h l e r. A b e r i c h w i l l l e r n e n." **13. die Brauen** (E. E. brows) = die Augenbrauen. — Was sind: die Augenlider?

14. = „Oh, das ist Ihnen lieb? Was haben Sie mit meinem Lernen zu thun" — besser: „Was geht Sie das an?"

Pag. 43. — **1. unverdrossen liebenswürdig,** *with unabated amiability.* **2.** = „Aber die deutsche Sprache gefällt mir nicht, und ich werde mich nicht sehr lange in Deutschland aufhalten, mein Herr! Es ist eine Modesache, auf dem Continent zu reisen und die deutsche Sprache zu lernen. — Darum bin ich hier. Nur darum." **3. plump und unschön,** *unwieldy and unmelodious.* **4. trotzig gekräuselte Lippen,** *resentfully curled lips.* **5.** = „So müssen Sie nach England gehen und es wie ich machen." **6. vis-à-vis** (französ.) = das Gegenüber. **7.** = „Warum unterbrechen Sie mich, mein Herr, wenn ich lese? Ein Herr aus England würde —." **8.** = „Warten Sie!" **9.** = „Hier! Er würde seinen Mund halten" — höflicher wäre: Er würde mich nicht stören. **10.** = „Oh, nicht dankenswerth. Ich habe es nicht gemacht — es steht in diesem Buch."

Pag. 44. — **1. die Röthe,** *blush.* **2. darin nachschlagen,** syn. nachsuchen, *to consult it.* **3.** = „Verzeihen Sie, wenn ich unhöflich gewesen bin; ich lerne die deutsche Sprache erst seit kurzer Zeit. Ich komme direkt von London, bin nur zwei Tage, in Heidelberg gewesen, zum Besuch bei einer Freundin, die dort verheirathet ist." **4.** = „Ja. Einige Wochen. Meine Tante ist schon dort. Tante ist nicht gesund wissen Sie, (you know, ist undeutsch); sie muß gefahren werden und muß Bäder nehmen (= *must be rolled about and must take baths*). Ich werde unterdessen die deutsche Sprache lernen." **5. der Kurgarten** (E. E. cure + garden), *park about the watering place.* **6. die Brunnenmusik** (spring + music), *open air concert at the spring.* **7.** = „Sie sehen so gesund aus, mein Herr; Sie brauchen doch feine Bäder zu nehmen?" 8. **er kämpfte ... nieder,** *he fought down strenuously his rising amusement.* 9. **der Kochbrunnen** (cook + spring), *hot spring* — in Wiesbaden, hat eine Temperatur von 150 Grad Fahrenheit.

Pag. 45. — 1. = „Ich wünsche Ihnen gute Gesundheit von dem Brunnen. Sind wir nun bald in Wiesbaden?" 2. **ennuyiren** (franzöſ. zu sprechen!) = langweilen. 3. = „Was soll ich Ihnen auf Deutsch antworten? Sie sind nicht langweilig. Sie sind in der That ein sehr guter Mensch." 4. **anknüpfen** (to button on), syn. erneuern, *to resume the acquaintance.* 5. **betreten** (E. E. trodden), syn. verlegen, über-raſcht, verwirrt, *perplexed.* 6. = „Das dürfen Sie, wenn Sie wolten. Meine Tante versteht kein Wort Deutſch, und ich —." 7. **die Adreſſe,** address. — Ueber: der Räuber = robber; das Gras = grass; das Glas = glass; ſteif = stiff; das Ruder = rudder — der Stamm = stem; die Flamme = flame; der Mann = man; allein = alone, cf. Bernhardt's Sprachbuch II, p. 137, IV.

Pag. 46. — 1. = „dort iſt ſchon John — oh, mein Herr, Sie sind wirklich ſehr gütig! Ich danke Ihnen von ganzem Herzen! Es war mir ein großes Vergnü-gen, einen Simpel tennen zu lernen." 2. **die Komödiantin,** syn. die Schauſpielerin, *actress.* 3. **die Beſchimpfung,** syn. die Be-leidigung, *mortification.* 4. **dortzulande** = in jenem Lande, *over there.* 5. **billigen** = für recht und billig finden, syn. erlauben, geſtatten; opp. verbieten, verwehren, unterſagen. 6. **die Lektion ſitzt,** *the lesson has been effectual.* 7. **ahnungslos,** *without misgiving.* 8. **das Badehaus** = das Badehotel.

Pag. 47. — 1. **wettergebräunt** (weather + browned), *sunburnt.* 2. **mit träumeriſchem Wohlgefallen,** *in pleasant revery.* 3. **das Reiſetagebuch** (travel + day + book) = ? 4. **Reiſe ... gegangen,** *trip very pleasant.* 5. **Erkundigungen einziehen** = ſich erkundigen, *to make inquiries.* **6. die Glaubensſecte** (religious + sect). **7. etwas Prieſterähnliches,** *somewhat like the priestly cast.* **8. zum ... verurtheilt,** *bound to celibacy.* **9. es iſt ſchade** (E. E. scathe), *it is a pity.* **10. die Geſchäftsangelegenheit** (business + matter).

Pag. 48.—1. zudampfen (to steam + towards). **2. die Gering⸗ fügigkeit,** syn. die Kleinigkeit, die Bagatelle. **3. wollte ich ... laſſen,** *should I by a mere trifle be deprived of my enjoyment of the beautiful and forced to flee.* **4. monologiſiren** (subst. der Monolog, opp. der Dialog) =? **5. beaugenſcheinigen** = in Augenſchein nehmen, *to observe.* **6. der Reiſegefährte** (traveling + companion). — Ueber die Etymologie der Synonymen: der Geſährte, der Genoſſe, der Kamerad und der Compagnon, cf. Note 2, Seite 23. **7. die Menſchenflut** (E. E. flood + men), *crowd.* **8. wogen** (subst. die Woge, wave) *to move.* **9. Strauß, Johann** — genannt der „Walzer⸗ könig,“ berühmter Muſiker und Componiſt von ungefähr 300 Tanzmelo⸗ dien, geboren in Wien, im Jahre 1825. **10. ging ... über,** *suddenly changed into a popular melody.* **11. eines neben ihr ... Landsman⸗ nes,** *of a countryman of hers loudly dressed in a brown checked suit, who carelessly sauntered along by her side.* **12. anſtoßig,** syn. kränkend, beleidigend, *mortifying.* **13. ausbiegen** (to bend + out), *to turn aside.* **14. eine ſichtlich von ihr angeſtrebte Begegnung,** *a meeting apparently desired by her.* **15. es liegt mir daran** = es inte⸗ reſſirt mich; ich habe Intereſſe daran.

Pag. 49.—1. der Trug = der Betrug, *vile deceit.* **2. Zart⸗ gefühl und Gemüth,** *tenderness of feeling and sentiment.* **3. es heißt,** *it reads.* **4. geradezu,** syn. wirklich, in der That. **5. ſchwer zu beſchreibend** = unbeſchreiblich (in + de + scribable). **6. die Ent⸗ rüſtung,** syn. der Aerger, Grimm, die Empörung, *indignation.*

Pag. 50. — 1. das Lehrbuch, syn. das Sprachbuch, die Grammatik. **2. erſtehen,** syn. kaufen. **3. bei einem ... ihrerſeits,** *upon the oc⸗ casion of a renewed attempt on her part to bring about a meeting.*

4. in Anwendung bringen = anwenden, syn. benutzen, verwerthen.
5. sich einen ... hat, *look the liberty to jest with me.* **6. zu dem ...**
Brauncarrirten, *to the obliging man in brown checks.* **7. der Brief=**
träger (letter + carrier), syn. der Briefbote, der Postbote. **8. schlug**
... über einander, *threw one long leg over the other.* **9. allgemach,**
syn. allmählich, nach und nach, mit der Zeit. **10. das Renommée**
(französ.), syn. der Ruf, *reputation.* **11. gelehrt aussehend,** *scholarly*
looking. **12. auffassen,** syn. nehmen, verstehen. **13. über ... Brille,**
over the tops of his large, gold-bowed spectacles. **14. =** „**Können**
Sie mir sagen, was ein Simpel ist, junger Herr?"

Pag. 51. — 1. solle — wisse — sind Subjunctive in der indirekten
Rede. **2. der Platz** (E. E. place), *court.* **3. vernichtet** (an + nul,
an + nihilate) = zu Nichts gemacht, *undone.* **4. stumpfsinnig**
(dull + witted). **5. so unverzeihlich ... thöricht,** *so unpardonably*
and inconceivably foolish. **6. unfaßbar,** syn. unverständlich, unbe=
greiflich. **7. darauf kommen,** syn. finden, herausfinden, verstehen, fühlen.
8. flehe — kenne — verwirre — seien — lauteten — sind Subjunktive
in der indirekten Rede. **9. wie mit geschlossenen Sinnen** (with shut-
up senses), *almost bereft of his senses (of his mental power).* **10.**
die Schreibart, *spelling;* **die Aussprache,** *pronunciation.*

Pag. 52. — 1. unkenntlich (un + re + cognizable). **2. zum**
Trost gereichen, *to prove a consolation.* **3. mit Zuhilfenahme** (with
taking to help), mit der Hilfe. **4. zusammenstückeln** (to put together piece by piece), *to patch up.* **5. es steht fest** (it stands
fast) = es ist sicher, es bleibt dabei, es ist abgemacht. **6. abdampfen**
(to steam off), *to go by steam.* **7. der Machtspruch** (might + sen-
tence), syn. der Befehl, *command.* **8. in's Gleis bringen** (to bring
upon the track), *to settle the difficulty.* **9. erst,** syn. schon, bereits.

Pag. 53. — 1. emportragen = hinauftragen. **2. schien nicht allein**
= schien nicht allein zu sein. **3. zwängte ... Thürspalte,** *pushed his*
frizzled head through the opening of the door. **4. unterthänigst**

(most humbly), syn. gehorsamst. **5. es lautete,** *it read.* — Was ist: es lautete? **6.** = „Ich muß Sie um Verzeihung bitten und thue dies hiermit. Ich habe die Bedeutung des Wortes „Simpel" nicht gekannt, andernfalls ich es nicht zu Ihnen gesagt haben würde. Sie sind kein Simpel. Ich bin einer." **7. herausbuchstabiren** (to spell + out).

Pag. 54. — **1. in erbsenfarbener** (pea + colored) ... **Bart-Cotelette** (E. E. cutlets = mutton chops) — *in yellow-colored livery and yellow-colored side-whiskers.* **2. der Salo'n** (französ. zu sprechen), syn. das Empfangszimmer, *parlor, drawing-room.* **3. von Ansehen** = dem Ansehen nach, *by sight.* **4. der Brauncarrirte** (brown + checked + one) = ? **5.** = „Ich kenne Sie. Sie sind der Simpel, Verzeihung! Sie sind der Herr, welcher mit Cousine Lily gereist ist. Wie befinden Sie sich? Bitte, setzen Sie sich." **6.** = „Nein, das Vergnügen können Sie nicht haben, oder Sie müssen mit mir nach Heidelberg gehen. Lily ist diesen Morgen abgereist." **7.** = „Sie müssen nicht so niedergeschlagen (overpowered) aussehen, mein Herr. Wenn es eine Sache von Wichtigkeit ist, die Sie mit Cousine Lily zu besprechen haben, so können Sie mit mir nach H. gehen."

Pag. 55. — **1.** = „Ich weiß Alles. Ich habe mich selbst wegen des „Simpel" blamirt (got myself in trouble). Und deswegen ist auch Lily abgereist." **2. wird ... einverstanden sein,** *will it meet with the approval of.* **3.** = „Das ist gleichgiltig. Wir fahren morgen Vormittag um zehn Uhr mit dem Schnellzug. Hier ist meine Karte. Und nun wolten wir zusammen ein Glas Portwein trinken." **4. alias** = geborne, *née.* **5. man ... hin,** *they gave themselves up to the enjoyment of each other's company.* **6. ausschütten** (E. E. to shed), *to pour out.* **7.** ſeltſam, syn. merkwürdig, ſonderbar, *strange enough, strangely.* **8.** troßdem (in spite + of this). **9.** Gold= veiglein (E. E. gold + violet), bekannte Gartenpflanze aus der Fami- lie der Cruciferen mit gelben, wohlriechenden Blüten, bot. Cheiranthus Cheiri, engl. *wallflower.* **10.** angehen, 1. to commence. 2. to be possible. 3. *to concern.* — Hier = ?

Pag. 56. — 1. das Mouſſelinbündel (E. E. muslin + bundle). **2.** im nächſten ... zu zittern begann, *in the next moment, with a certain surprise clearly expressed on his chubby face, baby was aware that the arm which formed his throne began to tremble.* **3.** ein Paar, *a pair, a couple;* cf. ein paar, some, a few. **4.** die gar ... ausſahen, *who did not look at all like people to be feared.* **5.** glückſelig (luck + happy), *very happy; extremely happy.* — ſelig (E. E. silly), *ad- dicted to,* findet ſich noch ein redſelig = ? friedſelig = ? gott= ſelig = ? leutſelig = ? feindſelig = ? **6.** raſend verliebt, *madly in love.* **7.** es ſteht feſt, cf. Note 5, Pag. 52. **8.** die Rebhühnerjagd (partridges + hunt). **9.** die Küche (E. E. kitchen), *cooking.* — cf. „Ich liebe die franzöſiſche Küche.“ — „Mir ſchmeckt die engliſche Küche,“ u. ſ. w. **10.** dann ... Anſpruch, *then the baby demanded his full attention.* **11.** die Profeſſorin = die Frau Profeſſor.

Pag. 57. — 1. mit Ungeſtüm = adv. ungeſtüm, *impetuously.* **2.** lieb, syn. gut, freundlich, liebreich. **3.** aufjauchzen, *to shout.* **4.** das Heil, syn. das Glück, die Seligkeit.

Sphinx.

(SPHINX.)

Pag. 58.—1. von ... auf, *from ... up.* **2. (pflegen, ift ſchwa-
ches und ſtarkes Zeitwort mit den partic. perf. gepflegt und) ge-
pflogen,** *carried on.* **3. der Briefwechſel** (letter + exchange) = ?
4. darin übereinſtimmen, *to agree in this.* **5. die Poſtkarte** (oder
Correſpondenzkarte) iſt i. J. 1865 vom Generalpoſtmeiſter des ·deutſchen
Reichs, Stephan, erfunden.   Im Weltpoſtverein curſiren jetzt jährlich
ungefähr 1000 Millionen Poſtkarten. **6. und zu ... nichts,** *and imposes
nothing upon you.* **7. an den ... Anforderungen,** *all possible re-
quirements are placed upon the educated letter-writer.* **8. geiſtreiche
Gedanken,** *brilliant thoughts.* **9. gelehrt,** learned — **der Gelehrte,**
scholar; literary man. **10. ſo etwas** = ſchöne Worte, ſchöne Sätze,
geiſtreiche Gedanken. **11. im Vorrath haben** = vorräthig haben, an
der Hand haben, *to have in store.* **12. das Feuilleto'n** (franzöſ.),
article. **13. das ſonſt ... einſtecken würden,** *which otherwise would
go into the pockets of those engaged in the posthumous publication of
our correspondence.* **14. um nicht ... zu werden,** *that I may not be
forced, by any trick of fortune, to write a letter.*

Pag. 59.—1. Männer von der Feder, (men of the feather, pen),
literary men. **2. das Rechteck** (E. E. rect + angle), *the size.* **3.
dann gerathen ... Tauſendſte,** *then we are led into hundreds and
thousands of digressions.* **4. da haſt du's ja,** *this is an example of
it, you see.* **5. im Unklaren,** *in obscurity; in doubt.* **6. dieſelbe**
(= die Urſache) **... übrigens,** *to state this, is after all.* **7. das Zu-
ſammentreffen** (co + incidence). **8. äußere Verhältniſſe,** *external*

conditions. 9. innere Vorgänge, *personal reasons.* 10. zu dem Zwecke, *in order to.* 11. die Algen, eine niedere Klasse der Krypto=gamen, bilden mit den Pilzen und Flechten die Gruppe der Thallophytæ oder Lagerpflanzen — *algae* (sea weeds). 12. die Flechten, *lichens.* 13. auf Grund derer . . . hoffe, *from which I hope to write an exhaustive treatise upon these families of plants.* 14. geradezu köstlich, *most excellent.* 15. gerathen, syn. zufällig gekommen, durch Zufall gekommen. 16. ausschütten (to shed), *to pour out.* 17. ein paar, *a few;* ein Paar, *a couple, a pair.* 18. der Schlamm (E. E. slime). 19. hervorsprossen oder s p r i e ß e n (E. E. *to sprout from*). 20. schimpfen, syn. zanken, fluchen. 21. ahnungslos = nicht ahnend, syn. ohne zu wissen, unwissend.

Pag. 60. — 1. vernichten (lit. to cause *not* to be), *to destroy,* cf. Note 3, Pag. 51. 2. die Ausbeute (E. E. out + booty); *harvest.* 3. schleunig, syn. schnell, rasch. 4. im St.ch lassen (lit. to leave in the lurch), *to abandon.* 5. überflüssig (super + fluous). 6. (die Ursache, cause), verursachen =? syn. b e d i n g e n. 7. zur Klärung der Sache, *for clearing up the difficulty.* 8. die Berufung, *call.* 9. winzigklein (tiny + small); das Winzigkleine, *microscopic things.* 10. die Welt des Großen, *world of higher organisms.* 11. der Bau und die Lebensäußerungen (E. E. life's + utterances), *structure and functions of life.* 12. unscheinbar (in + significant). 13. die voll=ständige . . . Gebietes, *complete investigation of this territory.*

Pag. 61. — 1. leblos (E. E. lifeless). 2. belebt, *living.* 3. beseelt, *animated.* 4. unbeseelt =? 5. wie offen . . . Grenzgebiet, *how clear is the demarkation.* 6. im Verhältniß = im Vergleich, verglichen mit. 7. das erste Gebiet = die Grenze zwischen M e n s c h und T h i e r; das zweite Gebiet = die Grenze zwischen T h i e r und P f l a n z e; das dritte Gebiet = die Grenze zwischen P f l a n z e und M i n e r a l'. 8. ist das dritte, condit. = wenn das dritte . . . ist. 9. der For=schungstrieb (inquiring + disposition) =? 10. passiren (E. E. to

pass), *to happen.* **11. gelaunt,** syn. geneigt, aufgelegt, gestimmt.
12. die Zeitschrift, *magazine;* die Zeitung (E. E. tidings) =?
13. mittlerer Größe — ist genit. qualitat. = von mittlerer Größe.
14. Einen — wird für den fehlenden accus. von „man" gebraucht.

Pag. 62. — **1. ihr gut stehen,** *are becoming to her.* **2.** jeglicher
Art = von jeder Art. **3. Algen,** *algae,* sea-weeds; **Flechten,** *lichens;*
Moose, *mosses;* **Pilze,** *fungi.* **4. in der ... Organisation,** *on account of their peculiar organization.* **5. die Lebensäußerungen,** cf.
Note 11, Pag. 60. **6. der Seeschlamm** (E. E. sea + slime), *sea-
silt, sea-scum.* **7. die Gehirnsubstanz** (brain + substance). **8. der
chemische Vorgang,** *chemical process.* **9. vor sich gehen,** *to take
place.* **10. der Widerspruch** (contra + diction). **11. übermüthig**
(of excessive + spirits), *vivacious;* **eigensinnig,** *wilful;* **gefallsüchtig,**
coquettish. **12. klug werden,** *to understand.*

Pag. 63. — **1. die Erziehungsanstalt** (education + institution),
boarding-school. **2. oberflächlich** (super + ficial). **3. abgesehen
davon,** *aside from this.* **4. die Entwickelung,** *development; evolution.* **5. Darwin,** Charles Robert, einer der größten Naturforscher
unserer Zeit, geboren am 12. Febr. 1809 in Shrewsbury, England,
gestorben 19. April 1882 auf seinem Landsitz Down bei Beckingham.
6. Häckel, Ernst Heinrich, großer deutscher Naturforscher und Darwi-
nist, geb. 16. Febr. 1834 zu Potsdam, seit 1861 Professor der Zoologie
an der Universität Jena. **7. der Scharfsinn** (sharp + mind), *insight.*
8. die Lehre von der Zuchtwahl, *doctrine of natural selection.* — Nach
Darwin's: „On the origin of species by means of natural selection," London 1859; deutsche Uebersetzung von V. Carus, Stuttgart
1876. **9. lohnend,** *profitable.*

Pag. 64. — **1. unruhig,** *restlessly.* **2. der Seeabhang** (lake +
slope). **3. die Säure,** *acid.* **4. ich fühle mich besser** — ist im Englischen nicht reflexiv! **5. ich nehme ... nicht krumm** (colloq. = I am
not put out). **6. verliebt sein,** *to be in love.* **7. anziehen** (to at +

tract). 8. die Gattung, *order; species.* — die Pflanzengat=
tung =? 9. der Briefträger (letter + carrier).

Pag. 65. — 1. die Entrüstung, *indignation.* 2. ich mußte ...
werden, *I could not help being angry.* 3. die Dreißig, *thirty years
of age.* 4. die Knabenthorheit (boys + folly) =? 5. die Thorheit,
folly; der Thor =? das Thor =? 6. bin ich, conditional = wenn
ich ... bin. 7. das Ränzlein packen (lit. to pack the knapsack), *to
pack up one's traps.* 8. dahin (oder hin), oft gebraucht = dahin=
gegangen, *gone.* 9. der Widerstreit, *strife.* 10. die Nachschrift
(post + script). 11. Himmelswillen (heavens + sake).

Pag. 66. — 1. viel zu schaffen machen, *to cause a good deal of
trouble.* 2. in Bestürzung versetzen, *to throw in perplexity.* 3. för=
dern (E. E. to further). 4. das Zeug dazu haben, colloq. (= to
have the proper stuff), *to be of the right sort.* 5. ein Licht geht mir
auf = ich habe eine gute Idee. 6. gewissermaßen (to a certain +
measure), *to a certain extent.* 7. seiner Arbeit leben, *to attend to his
study.* 8. sei — ist subjunct. in der indirekten Rede. 9. ihm ...
Schimmelpilzen, *by cutting slices of potatoes for the growth of fungi*
(= mould). 10. u. drgl. = und dergleichen (E. E. and the + like),
cf. Note 15, Pag. 19. 11. Hals über Kopf (heels over head), syn.
unbesonnen, *precipitately.* 12. der Streich (E. E. strike — trick),
act. 13. der Antrag, syn. die Offe'rte. 14. erstaunlich viel, *a re-
markable amount.*

Pag. 67. — 1. der Einfall, *intuition.* 2. es gilt, *the question is.*
3. der Versuch, syn. das Experiment'. 4. das Ergebniß, syn. das
Resultat'. 5. die Leidenschaft, *passion;* leidenschaftlich =? 6. der
Putz, *finery.* 7. das Mitleid (sym + pathy, com + passion);
mitleidig =? 8. an einem Frosch herumschneiden, *to dissect a living
frog.* 9. ist nicht so gefährlich, *does not amount to much.* 10. die
Thiere ... an, *animals begin for her only above the frogs;* d. h. sie
hält nur Säugethiere und Vögel für Thiere, nicht aber Amphi=

bien, Fiſche, Inſekten und Würmer. **11. aufſpießen,** to stick. **12. ohne Federleſens** (lit. without the picking of feathers), *without ceremony.* **13. die Scheuerwuth,** (craze) *passion for (habitually) scouring the floor* — da es in Deutſchland nicht Sitte iſt, in allen Zim= mern Teppiche zu haben, ſo werden die Fußböden der Zimmer und die Treppen des Hauſes oft geſcheuert, öfter als es den Männern lieb iſt, weshalb dieſe über die Scheuerwuth der Frauen klagen. **14. ſicheres Benehmen,** *determined demeanor.* **15. ſtädtiſcher Schliff** (urban polish). **16. beſchränkt,** *narrow.* **17. frömmelnd,** *hypocritical.* **18. eine Feindin** (an enemy) **des Klatſches,** *she hates gossip.* **19. alſo** (iſt niemals das engliſche also) =?

Pag. 68. — **1. auf dem Wege des Verſuches** = durch Experimente. **2. in Anbetracht,** *in consideration.* **3. thieriſche und pflanzliche Gefüge,** *forms of animal and vegetable life.* **4. die Seelenforſchung,** *study of character.* **5. ziehe ich … Facit,** *now, as a conclusion from these ten points.* **6. nur eine … gemacht,** *there was, however, an ob- servation that startled me.* **7. aufheben** = 1. to pick up. 2. to preserve. 3. to revoke, z. B. Der Herr hob das zerbrochene Huf= eiſen auf. Die Frau hob die Aepfel für den Winter auf. Ludwig XIV. hob das Edict von Nantes auf. — Was iſt es hier? **8. einſilbig und zerſtreut,** *in a perfunctory and distracted manner.* **9. ebenſo wenig … finden,** *just so little worth her while.* **10. das iſt aber … ver= folgen,** *this can be farther carried to greater and more general affairs.* **11. der Zug** = der Charakterzug. **12. der Leichtſinn,** *fri- volity;* leichtſinnig =? **13. um Alles keine …,** *by no means a —.* **14.** noch ein Mal, *once more;* — adj. **nochmalig** =? **15. am Ende,** syn. vielleicht. **16. kopflos** (head + less) =?

Pag. 69. — **1. wenn ich … überlege,** *when I think it over.* **2. ein feiner … Charakters,** *a fine revelation of her noble, kindly character.* **3. vorwerfen** (cast before one), tadeln wegen (oder für). **4. hätte ſie,** *conditional* = wenn ſie … hätte. **5. die Be=**

finnung, syn. die Geistesgegenwart (minds + presence). **6. langen** (E. E. to long), *to reach for.* **7. entsetzlich verlegen,** *extremely embarrassed.* **8. die Beschämung** (E. E. shaming), *humiliation.* **9. müsse — offenbare — bleibe** find Subjunctive in der indirecten Rede. **10. zergliedern,** *to analyze.* **11. der Forscher,** syn. der Philosoph. **12. die Sphinx —** Hera sandte den Thebanern eine Plage in der Gestalt der Sphinx, eines fabelhaften Thieres, welches das Gesicht einer Jungfrau, den Körper und Schwanz eines Löwen und die Flügel eines Vogels hatte. Diese gab den Thebanern das Räthsel zu lösen: „Was ist das, das nur e i n e Stimme hat und doch auf vier oder zwei oder drei Füßen gehen." Lange konnte Niemand die Lösung finden, bis Oedi = pus kam und das Räthsel löste. — Davon S p h i n x heute = ein m y s t e r i ö s e r C h a r a k t e r, ein p s y c h o l o g i s c h e s R ä t h s e l. **13. der Schluß,** *conclusion.* **14. die Erkenntnißfähigkeit** (Perception + faculty) = ? **15. die Beweiskraft** (proof + power), *evidence.* **16. in der Praxis ... gegenüber,** *in practice he encounters many a thing which he is at a loss to understand.* **17. die Hauptsache** (head + matter), *principal points.* **18. thut sie das,** conditional = wenn sie ... thut.

Pag. 70. — **1. dann ... geheirathet,** *then the marriage will take place.* **2. in der gesammten Wissenschaft,** *in the whole scientific world.* **3. auf ein Wohlgefallen ... deuteten,** *pointing towards a favorable impression of me.* **4. fortschreiten** (to pro + ceed). **5. die Heirathsfähigkeit** (marriage + fitness) = ? **6. die Heirathslust** (marriage + inclination) = ? **7. zurückhaltend** (holding + back, re + taining), *reserved;* die Z u r ü c k h a l t u n g = ? **8. weitergehen** (*to go further*) = ? **9. bekämpfen,** *to restrain.* **10. toben,** *to rage.* **11. droben** = daroben (E. E. there + above), *in my head.*

Pag. 71. — **1. Salzburg —** Hauptstadt des österreichischen Herzog = thums Salzburg, uralt, an beiden Ufer der Salzach, in den Salzburger Alpen wunderschön gelegen. Hier wurde 1756 Mozart geboren. 25,000

Einwohner. **2. früh,** *in the morning.* **3. die Jägertracht**=Kleider, wie
sie ein Jäger trägt. **4. auf...zu,** *towards.* **5. abstoßend** (re +
pulsive). **6. daß es...fuhr,** *that it shot through me like a flash.*
7. der Bräutigam (E. E. bridegroom) — im Deutschen gebraucht =
der Verlobte, *betrothed, affianced, lover.*

Eine Weihnachtsgeschichte.

(A Christmas-Tale.)

Pag. 72. — **1. alterthümlich** = in altem Stil gebaut, opp. modern, neu gebaut. **2. der Erker,** cf. Note, Pag. 14, syn. der Balkon, der Altan. **3. schmiegsam,** *graceful.* **4. leichtgekräuselt** (E. E. slightly + curled), *wavy.* **5. rehbraun** (E. E. roe + brown), *gazelle-like.* **6. scharfgeschnitten** (sharp + cut), *clear cut.* **7. gar nicht zu Bezweifelndes** = an dessen Wahrheit gar nicht gezweifelt werden kann, *not to be doubted.* **8. heute über acht Tage** (a ch t Tage = eine Woche; v i e r z e h n Tage = zwei Wochen), *a week from to-day.* — Was ist: heute v o r acht Tagen = ? heute v o r vierzehn Tagen = ? **9. unmuthig** = in schlechter Laune, übel gelaunt, *moodily.* **10. warum ... gefällst!** *why it pleases you (you like) to talk to me in such a childish manner.*

Pag. 73. — **1. darauf ankommen,** syn. davon abhängen. **2. die ... gewinnt,** *which on this evening assumes a visible form to us.* **3. geringschätzig,** syn. überlegen, verächtlich. **4. du ... entsetzen,** *you do not need to be startled.* **5. es fällt mir nicht ein** = es ist nicht meine Absicht; ich will nicht; ich wünsche nicht. **6. nahe treten,** *to hurt; to trample upon.* **7. Christenthum,** Christianity — cf. die Christenheit, christendom. **8. Anspruch machen auf,** *to have a claim to.* **9. kommt es doch ... zu vertiefen wissen,** *the question is, you know, concerning all memorial days—whose origin reaches far back into past ages, and which on account of this can hardly be established exactly — much less about the date itself, but much more regarding the fervor and sincerity with which we are able to put ourselves in sympathy with their sentiment.*

Pag. 74. — 1. das Julfeſt (E. E. Yule, vom altnorbiſchen jol = Rad, Sonnenrad), von den heidniſchen Germanen vom 25. Dez. bis 6. Jan. zu Ehren des Sonnengottes Frô oder Freyr gefeiert. 2. die Lichtwende (light = sun + turning), *winter solstice*. 3. Zeugniß ablegen, *to bear testimony*. 4. herzlich wenig = ſehr wenig, ungemein wenig. 5. ihrer Natur nach = nach ihrer Natur, *in their inner nature*. 6. Eigennuß ... Eitelkeit, *selfishness and egotism are the motive powers of their deeds, and even their apparently most noble and unselfish actions are really based upon hypocrisy and vanity.* 7. des Dichters = Friedrich Rückert, 1786—1866.

Although in all the world I find no man reveal it,
In virtue I believe, for in myself I feel it.

8. ich glaubte = ich würde glauben.

Pag. 75. — 1. die Monatsroſe (E. E. monthly rose) = die Bengalroſe, bot. Rosa semperflorens, die, wie man ſagt, zwölfmal im Jahre blüht. 2. beſtreiten, syn. in Frage ſtellen, *to question*. 3. das Mitleid — cf. Note 7, Pag. 67. 4. überlegen, syn. ſtolz, hochmüthig. 5. Conſtruction: Ich beſtreite allerdings, daß Farbe ... Eigenſchaften der Roſe ſind. 6. vorkommen, syn. ſcheinen. 7. zugeben, syn. einräumen, *to admit*. 8. die rothe Farbe ... Auge, *the red color of the rose is an effect upon the eye of which the final cause is still unknown.* 9. ohne ... dahinleben, *to live without philosophical* (understanding) *knowledge*. 10. Dinge an ſich und ihre Erſcheinung — philoſophiſch behandelt in Kant's „Kritik der reinen Vernunft" (1781) und in Schopenhauer's „Ueber das Sehen und die Farben" (1816). 11. und wenn ... glücklich machen, *and suppose we were always successful in divesting things of the charming appearance of reality which they exercise upon our senses, would this philosophical knowledge make us happier?*

Pag. 76. — 1. das Ziel, syn. das Ende, der Zweck, der Endzweck, *goal*. 2. Daſein, syn. beſtehen, exiſtiren, vorhanden ſein. 3. ſie fragt nicht danach, ob, *it cares not, whether.* 4. kalter Hauch, *chilling breath.* 5. zu Eis erstarren, *to freeze to death.* 6. in der letzten Zeit, *lately.* 7. der Einklang (con + cord). 8. früh verwaist, *orphaned in early youth.* — Was ist: die Waise = das Waisenkind =? das Waisenhaus =? 9. Hagen — deutscher Familiennamen — cf. die Anekdote vom Schauspieler Fritz Beckmann in Berlin, der einst beim Souper zwischen den Schwestern Anna und Carolina Hagen saß und den Damen das Compliment machte: „Zwischen Fräulein A Hagen und Fräulein C Hagen sitze ich mit Be-hagen (delight)." 10. elternlos (parents + less), syn. verwaist, cf. Note 8. 11. die Gemeinschaftlich'eit, *partnership; association.* 12. Neigung ... Befehlen, *inclination to rule and command.* 13. gleichalterig (of equal age). 14. in dem ..., *a most devoted ally in the oldest daughter, the....* 15. rückhaltlos (reserve + less, un + reserved), syn. unbedingt, *unconditionally.*

Pag. 77. — 1. unterordnen (to sub + ordinate) =? 2. die Gleichberechtigung (equality of rights). 3. die Pflegeeltern, *foster-parents.* — Was sind: die Stiefeltern =? die Schwiegereltern =? 4. zur ... erblüht, *just budding into charming womanhood.* 5. die Jugendgespielin, *playmate of his youth.* 6. rücksichtslose Entschieden=heit, *reckless determination.* 7. von jeher, *from the very beginning.* 8. viel zu ..., *much too yielding and devoted to feel anything else than happiness in the assurance with which he seized her heart as his property.* 9. N. B.: zwischen Verlobung und Verheirathung liegen in Deutschland meist mehrere Jahre. 10. bei dem ..., *whose intellectual nature became more and more distinctly marked.* 11. sanfter Sinn ... Gleichgewicht, *her gentle disposition, emotional nature and warmheartedness maintained the equilibrium.* 12. unent=behrlich, *indispensable.* 13. als ... war, *as she had done.* 14. ganz die Seine, *entirely his own.* 15. die Prüfung, syn. das Examen.

Pag. 78. — 1. die Arbeiten, *writings.* 2. das Studium, *special study.* 3. **die Fachkreise,** *professional circles.* 4. **sein väterliches Vermögen,** *fortune inherited from his father.* 5. **Privatdozent** — ift der Titel eines Lehrers an einer deutschen Universität, der Vorlesungen halten darf, aber weder den Titel noch den Gehalt eines Professors erlangt hat, (tutor) *lecturer.* 6. **die Berufung,** *call.* 7. **das Sommersemester,** syn. das Sommerhalbjahr, *summer term.* 8. **heimfuhren** (to bring home). 9. **je — um so** (= defto), *the . . ., the . . .* 10. **mußte . . . auffallen,** *the change was striking.* 11. **vorgehen,** *to take place.* 12. **die Umgebung** = die, welche um ihn waren, *those about him.* 13. **der Umstand** (circum + stance). 14. **der Anlaß** = die Veranlassung, der Grund, die Ursache. 15. **die Aufforderung,** syn. die Einladung, die Anfrage. 16. **ausrüsten,** syn. fertig machen, organisiren. 17. **der Theilnehmer** (parti + cipator). 18. **die Reisezurüstung,** *outfit for the expedition.* 19. **welch' . . . drückte,** *with how sharp a thorn he pierced the heart.*

Pag. 79. — 1. **das Verlöbniß** = die Verlobung, cf. Note 13, Pag. 1. 2. **naturgemäß** = natürlich. 3. **der Drang in die Ferne,** *the desire to see far countries.* 4. **verschwand in nichts,** *sunk to insignificance.* 5. **das glühende Verlangen,** *fervid desire.* 6. **ließ ihn . . . hatte,** *made him look contemptuously upon all things which to this time he had considered as fortunate circumstances.* 7. **kleinlich und beschränkt,** *mean and narrow.* 8. **die Aussicht . . . widerte ihn an,** *the prospect of a quiet and uneventful activity in his profession disgusted him.* 9. **doch konnte er . . . heilig war,** *yet he could not help wounding her tender feelings, while he probed with his keen critical faculty every one of her earnest feelings, and decomposed everything which she held most sacred by his doubts.* 10. **das kinderreiche Haus** = die große, zahlreiche Familie. 11. **unter Fröhlichkeit begehen,** *to celebrate joyously.* 12. **sich seiner freuen** — sich des Weihnachts abends erfreuen.

Pag. 80. — 1. **die Bescheerung,** cf. Note 5, Pag. 20. 2. **die Be-**

fprechung, syn. die Diskuffion, die Kritifirung. **3. Arthur Schopen=
hauer,** geb. 1788 in Danzig, lebte lange Zeit in F r a n k f u r t a. M.
wo er im Jahre 1860 ftarb, daher der „Frankfurter" Philofoph genannt,
befonders bekannt wegen feinen peffimiftifchen Ideen. **4. in feiner
milden Denkungsweife,** *with his usual moderate habit of judging.*
5. den peff:miftifchen ... zuzufpitzen, *to blunt the sharpest points of
the writer's pessimistic views, and to shell from the kernel of the work
whatever personal bitterness and prejudiced conceptions of life had
added; Herbert however felt pleasure in adding to their point and
weight.* **6. Hans Chriftian Anderfen,** 1805–1875, lebte in Kopenhagen.
Seine „Märchen" erfchienen 1835. **7. achtlos** = auf gut Glück, *at
random; purposelessly.* **8. anziehen** = 1. to put on. 2. *to at +
tract.* **9. mit einander aufgewachfen,** *grown-up together.*

Pag. 81. — 1. *"The roses will fade and pass away,
But we the Christ-child shall see one day."*

2. andächtig froh, *devoutly and happily.* **3. der Glassplitter** (E. E.
glass + splinter). — Was ift: der Eis splitter = ? **4. dünken** =
deuchten, syn. fcheinen. **5. Greta** = Gretchen, dimin. von Margareta.
6. erftarrt = fteif gefroren, *stiffened.* **7. fchwemmen,** *to wash away.*
8. aufthauen, syn. erweichen, fchmelzen. **9. herzbeweglich** (heart +
moving) = ?

Pag. 82. — 1. mit ... Brauen, *with slightly contracted brows.*
2. mit ... Gleichgültigkeit, *with an indifference somewhat forced.*
3. verkannt, *unappreciated.* **4. das verfteht fich.** — Im Deutfchen
fteht oft ein reflexives Verb, wo man im Englifchen ein Paffiv gebraucht.
5. aufbrechen, syn. weggehen, fortgehen.

Pag. 83. — 1. an die Seite ftellen, syn. vergleichen. **2. die Leere**
(adj. leer, empty) = ? **3. fie ... befangen,** *she is overcome by pre-
judices.* **4. es giebt ... vermöchte,** *there are no thoughts so elevated
that she cannot follow, no endeavor that she cannot share.* **5. fie
befitzt ... findet,** *she possesses such biased views that she takes*

pleasure in narrowness, and finds her happiness in the scrupulous fulfillment of daily duties. 6. **verſchließen,** *to cut off freedom and foreign traveling.* 7. **an Leib und Seele,** *physically and mentally.* 8. **amtlich** (subst. das Amt, office) = ?

Pag. 84. — 1. **es flimmerte** ..., *everything danced before his eyes.* 2. **deſſen** ... **Betheiligung,** *whose impending participation.* 3. **ſich** ... **ſollte,** *was to embark.* 4. **zurücktreten** (to step + back), *to withdraw.* 5. **vorſchlagen** = recommandiren. 6. **die Aufforderung** (von: **auffordern,** to request, propose) = ? 7. **die Verwendung,** *employment.* 8. **die einzige** ... **Abreiſe,** *the only condition imperatively commanded was immediate departure.* 9. **womöglich** = wenn möglich. 10. **das Eintreffen,** syn. die Ankunft. 11. **ohne** ... **Hand,** *without his effort within the reach of his hand.* 12. **das Bedürfnis,** *requirement.*

Pag. 85. — 1. **unrettbar und unfehlbar,** *irrevocably and infallibly.* 2. **das Lager,** syn. das Bett. 3. **der Scharfblick,** *keen insight.* 4. **daß** ... **drohe,** *that this was in danger.* 5. **er wich** ... **aus,** *turned aside from her anxious look.* 6. **beſtehen,** *to insist upon.*

Pag. 86. — 1. **bei jeder Falte,** *from each wrinkle.* 2. **begehrenswerth,** *worthy of his affection.* 3. **die Leidenſchaft** ... **durchbrach,** *passion broke through her usually even character.* 4. **du bliebeſt,** condit. subjunct. impf. = du würdeſt bleiben.

Pag. 87. — 1. **ſchwankend,** *reeling.* 2. **außer ſich,** *beside himself.* 3. **vergehend,** *overcome.* 4. **verſagte ihr,** *failed her.* 5. **ſie winkte,** *she motioned.* 6. **die Aufgabe,** *object.* 7. **waren** ... **erfüllt,** *had long been obtained.* 8. **die Fülle** ... **verwerthen,** *to make practical use of the numerous observations and experiences.*

Pag. 88. — 1. **ihnen** = den heimkehrenden Theilnehmern der Expedition. 2. **an maßgebender Stelle,** *by the authorities.* 3. **der Auftrag** = die Commiſſion', die Ordre. 4. **Reiche der Natur,** *natural kingdoms.* 5. **die Kulturfähigkeit** ... **feſtſtellen,** *to find out the opportu-*

nities for civilization . . . *and the importance of an alliance for commercial purposes.* 6. **ließ,** *induced.* 7. **ungewöhnliche** . . . **setzen,** *to appropriate extraordinary means for the accomplishment of its purpose.* 8. **der Lastträger** (baggage + carrier). 9. **das Medikament'** = die Medizin'. 10. **der Urwald** (E. E. original + woods), *primeval forest.* — Was ist: der **Urtext** =? der **Urstoff** =? die **Urgestalt** =? die **Urschrift** =? der **Urgroßvater** =? 11. **der Forschungseifer,** *energetic explorations.* 12. **immer von neuem,** *again and again.* 13. **verschieben** = aufschieben. 14. **die** . . . **Vorräthe,** *dangerously diminished provisions.*

Pag. 89. — 1. **der Umweg** (roundabout + way) =? 2. **ausgetreten,** *worn.* 3. **jäh,** syn. steil. 4. **das Rattandickicht** (E. E. rattan + thicket). — **Rattan** = deutsch: Rohrpalme, bot. *Calamus Rotang*, eine Palme mit dünnen, an den Bäumen emporkletternden Stämmen. Diese Stämme geben das **spanische Rohr** zu Spazierstöcken und das **Stuhlrohr** zum Flechten der Stuhlsitze — *bamboo-jungles; rattan-jungles.* 5. **der Baumstamm** (tree + trunk), *snag.* 6. **gefährden** (subst. die Gefahr, danger) =? 7. **die Tragbahre** (to bear + barrow), *stretcher.* 8. **verlieren,** syn. aufgeben. 9. **die Wegzeichen** . . . , *trail-marks cut in the trees.* 10. **die Merkmale** (E. E. marks). 11. **üppig wuchernd,** *luxuriant.*

Pag. 90. — 1. **dicht** . . . **Pfade,** *trails thickly overgrown.* 2. **sich theilen,** *to branch.* 3. **beschwerliche Stelle,** *obstruction.* 4. **der Geldkasten** (money + box), *safe.* 5. **nothdürftig** . . . **zusammengebunden,** *poorly bound by rattan-withes.* 6. **verzehren,** syn. essen. 7. **imstande** = im Stande, fähig, *able.* 8. **zu können** = gehen zu können. 9. **mit Willenskraft,** *with iron resolution had defied the fearful hardships.* 10. **die Laufbahn** = das Leben. 11. **geht mit ihm zu Grunde,** *is lost with him.*

Pag. 91. — 1. **in der Irre umherziehen,** *to wander about.* 2. **drängen** (E. E. to throng). 3. **um das** . . . **schmiegen,** *which the*

golden hair encircles like a bright halo. **4. der Fieberschauer,** *chill.*
5. Ewigkeit — „Weit von hier im Orient ist ein hoher Diamantberg.
Dorthin kommt alle hundert Jahre ein kleiner Vogel und schärft seinen
Schnabel an dem Diamantstein. Und wenn das Vöglein den ganzen
Berg weggepickt hat, dann ist die erste Sekunde der Ewigkeit vergangen."
(Luther.)

Pag. 92. — 1. matt, *fading.* **2. sich wölben,** *to arch.* **3. lang-**
gezogen ... daher, *sustained tones, now gently dying away, now
mightily swelling, joyous and exultant, are floating towards him.* **4.
frohe Andacht,** *happy devotion.* **5. so ... sehnsuchtsvoll,** *so gentle, so
full of longing.* **6. fährt über ...,** *blows over ...* **7. schmerzend**
(E. E. smarting), *aching.* **8. feierlich ... daher,** *solemnly sustained
they float along towards him on the night-air.* **9. er rafft sich auf,**
he summons all his energy. **10. den Tönen nach,** *in the direction of
the tones.* **11. anheben,** syn. anfangen, beginnen.

Pag. 93. — 1. dringen ... hervor, *sound-waves are rolling forth.*
2. schwankend, taumelnd, *staggering, reeling.* **3. angelehnt,** syn.
halbgeöffnet. **4. Greis ... Haupthaar,** *venerable man with flowing
silver locks.* **5. es beginnt zu kreisen,** *things begin to swim.* **6. es
war ... gelungen,** *his companions had succeeded.* **7. sich aufraffen,**
to rally. **8. das Aufgebot,** *exertion.* **9. der Gegend kundig,** *familiar
with the locality.*

Pag. 94. — 1. unversehrt, *uninjured.* **2. so leicht ... vergreifen,**
*although the contents (of it), shining temptingly through the broken
case, might have induced one of the band to tamper with it.* **3. alle
... Betheiligten,** *all of the exploring party.* **4. je länger — desto
gewaltsamer,** *the longer — the more violently.* **5. seine Willenskraft ... geltend,** *his resolution had fought against the hardships
and privations, the more violently now the fever asserted its power
over the exhausted body.* **6. dumpfe Betäubung,** *deep lethargy.* **7.
die Natur = die Constitution'.** **8. die Lebenskraft** (vital + power').
9. zugleich mit ... Schwäche, *together with the feeling of physical*

and mental weakness hitherto unknown to him. 10. **opferwillig**
(E. E. offering + willing), *self-sacrificing.* 11. **dem gänzlich
Fremden,** *extended to him, an entire stranger.*

Pag. 95. — 1. **matt,** *wearied.* 2. **und den ... hatte,** *and the de-
vout, forbearing disposition, which had proved an especially suitable
soil for the acceptation of the Christian doctrine.* 3. **sie sich ...
suchten,** *they endeavored to assist each other in every way.* 4. **wie
sanftmüthig ...,** *how forbearingly they helped the weak and erring.*
5. **versetzt,** *carried back.* 6. **die Apostelgeschichte** (apostles + history). 7. **frei von ... Entstellungen,** *free from later additions and
disfigurations.* 8. **auch nur ... könne,** *could be compared even in
the slightest degree.* 9. **fühlte er sich ...,** *although he felt drawn
towards the poor natives in hearty sympathy, yet in a still higher
degree this was the case towards ...* 10. **anfänglich,** syn. anfangs.
11. **äußere Beweggründe ...,** *substantial motives, which might un-
derly the self-sacrificing work of these missionaries.* 12. **welche der
Mehrzahl nach,** *the great majority of whom.*

Pag. 96. — 1. **ein Häuschen** = eine kleine Anzahl. 2. **die den ...
hätten,** *which even to a slight degree would compensate for the sacri-
fices ...* 3. **keinerlei ... Auszeichnung,** *no substantial distinction.*
4. **befähigen** (adj. fähig, able) = fähig machen. 5. **entsagungsreich,**
syn. selbstverleugnend, aufopfernd; opferwillig. 6. **die ... sucht,** *which
does not seek its own advantage.* 7. **erschüttern,** *to move.* 8. **ein er-
quickender Windhauch,** *refreshing breeze.* 9. **durch die Seele ziehen,**
to penetrate the soul. 10. **die Selbstüberhebung** (self + over-lift-
ing), *conceit.* 11. **wiedergewonnen** (re + gained). 12. **beinahe
...,** *came so near a disastrous termination.* 13. **hatte bilden sollen,**
should be. 14. **die Ausarbeitung** (e + laboration).

Pag. 97. — 1. **Bericht für die Regierung** (report for the govern-
ment), *official report.* 2. **Calcutta, Hauptstadt von Britisch-Indien,**
mit ½ Million Einwohner. 3. **die Errungenschaft,** *acquirement.* 4.

welche ... verleiht, *which every intellectual conquest affords.* 5. stets
... verstummt, *always quelled, but never silenced.* 6. der Vorbau
(fore + building), *porch.*

Pag. 98. — 1. mahnen = ermahnen, erinnern. 2. Straßen und
Gassen, *avenues and streets.* 3. seine Wellen schlug, *ebbed and
flowed.* 4. einathmen (to breathe + in), *to inhale.* 5. langent=
behrt (long + missed), *which he had long been deprived of.* 6. ver=
schönen = verschönern, syn. verklären, *to brighten up; to lighten up.*
7. einsaugen (E. E. to suck), syn. verschlingen, *to devour.* 8. aus der
... fortgesehnt, *which he had so impatiently desired to leave.* 9. miß=
achtend = verachtend, syn. verächtlich, stolz, hochmüthig.

Pag. 99. — 1. das frohgeschäftige Treiben, *joyous activity.* 2. die
... des Weihnachtsmarktes, *booths of the Christmas hucksters.*
3. schon ... gel chtet, *already considerably thinned out.* 4. nur ...
gewordene, *only somewhat more bowed and wrinkled.* 5. und den
... hatte, *and had kept for sale her small wares and cheap play-
things.* 6. achtlos ... gestoßen, *carelessly thrown aside.* 7. durch...
Lämpchen, *by a dimly burning lamp in the second story.* 8. unter
... Treppenabsatz, *beneath the projecting stairway.*

Pag. 100. — 1. herabstürmen, *to rush down.* 2. Blut ... trieb,
suddenly forced all the blood to his heart. 3. die Treppenbrüstung,
banister-rail. 4. von einem ... verdrängt, *displaced by an earnest
and sad expression.* 5. das ihn ... hatte, *which even involuntarily
had accompanied him.* 6. Fassung wiedergewonnen, *regained his
self-possession.* 7. nächtlicher Himmel, *evening sky.*

Pag. 101. — 1. zusammenschrecken, *to startle.* 2. innig, *feelingly.*
3. abgegriffen (worn out by handling), *much used.* 4. zu blättern
... auseinander, *to find the page, the book itself fell open at the often-
read place.* 5. dicht ... geschmiegt, *sitting closely together.*

Pag. 102. — 1. ruhten, *were abated.* 2. die Tannennadeln (pine
+ needles). 3. vor Rührung bebend, *trembling with emotion.*

Adj.	adjective.
Adv.	adverb.
bot.	botanical name.
c. f. (confer)	compare.
dialect.	dialectical.
dem. (deminutiv)	diminutive.
E. E.	English etymology.
f.	feminine.
französ. (französisch)	French.
griech. (griechisch)	Greek.
Inf. (Infinitiv)	Infinitive.
ital. (italienisch)	Italian.
lat. (lateinisch)	Latin.
m.	masculine.
n.	neuter.
opp.	opposite.
p., Pag., Pagina	page.
Partic. Perf.	Past Participle.
pl., plur.	plural.
subst.	used substantively.
syn.	synonym.
=	equivalent to.
u. folg.	and following

D. C. HE

Modern Languages.

———◆———

Heath's Graded Series of Modern Language
Texts.

TO supply the increasing demand for improved text-books, grow-
ing out of the immense advance in modern language study during
the last decade, we have planned to publish a series of Texts, selected
and edited by the most eminent scholars, and carefully graded to meet
the wants of different classes of students.

This series will embrace such classics in these languages as are commonly read in American colleges and schools, with some others that
are well adapted for such use, but are not now available for lack of
suitable editions.

The editions will be handsomely printed and neatly bound, in cheap
and handy volumes, suitable for the class-room or for private reading.
In each grade a sufficient variety will be offered for students of every
age. Those more especially adapted for younger pupils are marked *.
All the books will represent, in their respective grades, the latest
progress of scholarship and the best results of experience in teaching.

The following books are now ready or in preparation. Others will
be announced hereafter.

For description of books already published, see our special circulars
or descriptive catalogue.

For fuller description of books in preparation, see succeeding pages
of this announcement.

I. **ELEMENTARY**. — For earliest study; with full grammatical
   notes and vocabulary : —

   1. German.

*First Year Preparatory Course.	Professor Faulhaber.
*German Exercises and Reader.	" Deutsch.
*Meissner's Children's German Book.	" Joynes.
*Grimm's Märchen.	" Van der Smissen.
Leander's Marchen.	" Van Daell.
Preparatory Book of German Prose.	" Boisen.

2. French.

    *Preparatory French Reader.   Professor Super.
    *Æsop's and La Fontaine's Fables.   "   Joynes.

3. Spanish.

    Practical Method in Spanish.   "..   Ybarra.

II. **INTERMEDIATE.** — For higher classes in school, or lower classes in college; second year. With notes, but without vocabulary: —

    1. German.

      Hauff's Das Kalte Herz.   Professor Van der Smissen.
      *Krummacher's Parabeln.   "   Harrison.
      *Novelletten Bibliothek.   "   Bernhardt.
      *Meissner's Pictures of German Life. "   Joynes.
      François's Phosphorus Hollunder.   "   Faulhaber.
      Schiller's Ballads.   "   Johnson.
      Deutsche Litteratur.   "   Wenckebach.
      Storme's Immensee.   "   Von Jagemann.
      Schiller's Der Geisterseher.   ::   Joynes.
      Schiller's Der Taucher.   "   Van der Smissen.
      Schiller's Wilhelm Tell.   "   Newton.
      Selections from Chamisso.   "   Garner.

    2. French.

      Voltaire's Prose.   Cohn.
      Revolutions of Modern France.   .. Easton.
      Lectures Françaises.   Cohn.
      Morceaux Choisis de Mme. de Staël. "   Sée.
      *Petite Histoire du Peuple Français. "   Newton.

III. **ADVANCED.** — For higher reading in college or university. With notes, explanatory and critical: —

    1. German.

      Heine's Prose.   Professors Sheldon and Bendelari.
      Heine's Poems.   Professor White.
      Goethe's Egmont.   "   Brandt.
      Goethe's Torquato Tasso.   "   Thomas.
      Schiller's Jungfrau von Orleans.   "   Wells.
      Schiller's Wallenstein.   "   Bartlett.
      Schiller's Über Naive und Sentimental-
        ische Dichtung.   "   Von Jagemann.
      Grillparzer's Sappho.   "   Buchheim.
      Lessing's Prose.   "   Ripley.
      Lessing's Emilia Gallotti. Professors Richardson and Genung.
      Lessing's Minna von Barnhelm. Professor Primer.
      Scientific German.   "   Hodges.

2. French.

Corneille's Polyeucte.	Professor	Fortier.
Victor Hugo's Ruy Blas.	"	Garner.

3. Spanish.

Cervantes's Don Quijote de la Mancha. With Vocabulary.	"	Todd.
Calderon's La Vida es Sueño.	¦	Lang.

4. Italian.

Boccaccio's Decamerone.	"	Elliott.

IV. **GRAMMATICAL** — Herein the attempt will be made to supply the long-felt desideratum of *working grammars* which shall represent the best results of modern scholarship, and at the same time meet the wants of teachers and pupils of every grade, up to the highest classes in colleges and universities : —

1. German.

Meissner's German Grammar. Revised and partly rewritten by	Professor	Joynes.
A Short German Grammar.	"	Sheldon.

2. French.

French Grammar.	"	Edgren.

3. Italian.

Italian Grammar.	"	Grandgent.

From **The Nation,** *Oct.* 28, 1886.

"In their last catalogue, D. C. Heath & Co., Boston, announce that they are about to undertake the publication of a series of annotated Modern Language Texts. The plan, if executed as proposed by them, will be more comprehensive than anything that has yet been undertaken in this country in regard to such publications. These are all to be critical editions, amply provided with notes by several of the leading instructors in modern languages in the various American colleges. Instructors in Spanish and Italian will be pleased to have the selections from Boccaccio's ' Decamerone ' and those from Cervantes's ' Don Quixote.' The German texts offer a rich selection from Heine, Goethe, Schiller, and Lessing. The publications proposed have all evidently been suggested by those who know what is most needed. We are glad to see that a selection from Heine's prose and another from Lessing's critical writings are among the books promised."

2. French.

*Preparatory French Reader.	Professor Super.
*Æsop's and La Fontaine's Fables.	" Joynes.

3. Spanish.

Practical Method in Spanish.	" Ybarra.

II. **INTERMEDIATE.** — For higher classes in school, or low classes in college; second year. With notes, but without voca ulary : —

1. German.

Hauff's Das Kalte Herz.	Professor Van der Smissen.
*Krummacher's Parabeln.	" Harrison.
*Novelletten Bibliothek.	" Bernhardt.
*Meissner's Pictures of German Life.	" Joynes.
François's Phosphorus Hollunder.	" Faulhaber.
Schiller's Ballads.	" Johnson.
Deutsche Litteratur.	" Wenckebach.
Storme's Immensee.	" Von Jagemann.
Schiller's Der Geisterseher.	" Joynes.
Schiller's Der Taucher.	" Van der Smisse
Schiller's Wilhelm Tell.	" Newton.
Selections from Chamisso.	" Garner.

2. French.

Voltaire's Prose.	Cohn.
Revolutions of Modern France.	" Easton.
Lectures Françaises.	Cohn.
Morceaux Choisis de Mme. de Staël.	" Sée.
*Petite Histoire du Peuple Français.	" Newton.

III. **ADVANCED.** — For higher reading in college or universit With notes, explanatory and critical : —

1. German.

Heine's Prose.	Professors Sheldon and Bendela
Heine's Poems.	Professor White.
Goethe's Egmont.	" Brandt.
Goethe's Torquato Tasso.	" Thomas.
Schiller's Jungfrau von Orleans.	" Wells.
Schiller's Wallenstein.	" Bartlett.
Schiller's Über Naive und Sentimental-ische Dichtung.	" Von Jagemann.
Grillparzer's Sappho.	" Buchheim.
Lessing's Prose.	" Ripley.
Lessing's Emilia Gallotti.	Professors Richardson and Genun
Lessing's Minna von Barnhelm.	Professor Primer.
Scientific German.	" Hodges.

2. French.

Corneille's Polyeucte.	Professor Fortier.
Victor Hugo's Ruy Blas.	" Garner.

3. Spanish.

Cervantes's Don Quijote de la Mancha. With Vocabulary.	Todd.
Calderon's La Vida es Sueño.	Lang.

4. Italian.

Boccaccio's Decamerone.	Elliott.

IV. GRAMMATICAL. — Herein the attempt will be made to supply the long-felt desideratum of *working grammars* which shall represent the best results of modern scholarship, and at the same time meet the wants of teachers and pupils of every grade, up to the highest classes in colleges and universities : —

1. German.

Meissner's German Grammar. Revised and partly rewritten by	Professor Joynes.
A Short German Grammar.	" Sheldon.

2. French.

French Grammar.	Edgren.

3. Italian.

Italian Grammar.	" Grandgent.

From **The Nation,** *Oct.* 28, 1886.

"In their last catalogue, D. C. Heath & Co., Boston, announce that they are about to undertake the publication of a series of annotated Modern Language Texts. The plan, if executed as proposed by them, will be more comprehensive than anything that has yet been undertaken in this country in regard to such publications. These are all to be critical editions, amply provided with notes by several of the leading instructors in modern languages in the various American colleges. Instructors in Spanish and Italian will be pleased to have the selections from Boccaccio's 'Decamerone' and those from Cervantes's 'Don Quixote.' The German texts offer a rich selection from Heine, Goethe, Schiller, and Lessing. The publications proposed have all evidently been suggested by those who know what is most needed. We are glad to see that a selection from Heine's prose and another from Lessing's critical writings are among the books promised."

MODERN LANGUAGES.

Joynes-Meissner's German Grammar. (Price, $1.25.)
>**Sylvester Primer,** *Prof. of Modern Languages, College of Charleston, S.C.:* will prove the best German Grammar either in America or in Europe.

Sheldon's Short German Grammar. (Price, 60 cents.)
>**Irving J. Manatt,** *Pres. of Neb. State Univ.* · I can say, after going over eve page of it carefully in the class-room, that it is admirably adapted to its purpose.

Deutsch's German Exercises and Select German Reader. (90 cents.)
>**H. C. G. Brandt,** *Prof. of German, Hamilton College:* An excellent book. I sh use it for a beginner's reader.

Boisen's Preparatory German Prose. (Price, $1.00.)
>**Hermann Huss,** *Prof. of German, Princeton College:* I have been using it, a it gives me a great deal of satisfaction.

Grimm's Märchen. Eight tales with notes and vocabulary. (75 cts
>**Arthur C. Dawson,** *Prof. of Modern Languages, Beloit College, Wis.:* An a mirable text-book in all respects.

Hauff's Märchen: Das Kalte Herz. With notes and vocab. (75 cts
>**G. H. Horswell,** *Prof. of Modern Languages, Northwestern Univ. Prep. Schoo* It is prepared with critical scholarship and judicious annotation. I shall use it.

Bernhardt's Novelletten Bibliothek. Vol. I. With notes. (75 cents
>**Hans C. G. von Jagemann,** *Prof. of German, Indiana State Univ.:* A ve interesting and instructive book for rapid reading. I intend to use it again for the sa purpose.

Bernhardt's Novelletten Bibliothek. Vol. II. Six stories with note
(75 cents.) To be ready in May, 1888.

Johnson's Schiller's Ballads. With notes. (75 cents.) Just issued.

Schiller's Der Taucher. With notes and vocab. (10 cents.) Just issue

Faulhaber's Francois's Phosphorus Hollander. With notes. (25 cts

Hodge's Course in Scientific German. Notes and vocab. (Price, $1.00
>**J. M. Hart,** *Prof. of Modern Languages, Univ. of Cincinnati:* I shall take pai to call the attention of our students to the book and its merits.

Super's Graded French Reader. Ready in August, 1888.

Souvestre's Un Philosophe sous les Toits. Notes and vocab. (75 cts

Fontaine's Historiettes Modernes. Ready in June, 1888.

Curme's Lamartine's Méditations. Ready in June, 1888.

Grandgent's Italian Grammar. (Price, 80 cents.)
>**L. D. Ventura,** *Prof. of Italian, Sauveur Summer School:* It will undoubted fill a *lacune.* It is clear, very condensed, modern, and *Italian in every respect.*

Ybarra's Practical Spanish Method. (Price, $1.20.)
>**B. H. Nash,** *Prof. of Spanish, Harvard Univ.:* The work has some very mark merits. The author evidently had a well-defined plan, which he carries out with adm able consistency.

D. C. HEATH & CO., Publishers,

CPSIA information can be obtained
at www.ICGtesting.com
Printed in the USA
BVHW08s1458041018

529296BV00018B/797/P